Der Krieg und die geistigen Entscheidungen.

Reden und Aufsätze
von
Georg Simmel

München und Leipzig
Verlag von Duncker & Humblot
1917

Altenburg
Pierersche Hofbuchdruckerei
Stephan Geibel & Co.

Den Straßburger Freunden.

Vorwort.

Es kann anmaßend erscheinen, diesen Deutungen der Innenseite des Weltschicksals, die auf das Kommende hinsehen, literarische Dauerform zu geben. Allein Ausblicke auf die Zukunft haben ja ihren Sinn als Dokumente der Gegenwart, mag jene sie bestätigen oder widerlegen; hier um so entschiedener, als es nur, aus dem Vergangenen und Augenblicklichen heraus, die für jetzt entscheidenden Linien nachzuzeichnen gilt. Insoweit dies aber gelänge, würden dadurch wenigstens mitentscheidende Linien der Zukunft hervortreten.

Straßburg im Elsaß, April 1917.

Inhalt.

	Seite
Deutschlands innere Wandlung.	7
Die Dialektik des deutschen Geistes	31
Die Krisis der Kultur	43
Die Idee Europa	65

Deutschlands innere Wandlung.
Rede,
gehalten in Straßburg, November 1914.

Mit der Erklärung dieses Krieges ist wohl über jede Seele in Deutschland eine Erschütterung gekommen, neben der alles, was auch der Schicksalsreichste von uns an Druck und Spannung, an Verhängnis und Entschlossenheit erlebt hat, plötzlich etwas Dünnes und Schmales wurde. So ungefähr muß es den Menschen um das Jahr 1000 zumute gewesen sein, als man den Weltuntergang erwartete und niemand wußte, ob er verdammt oder gerettet werden würde. Seitdem ist, was uns zuerst als jenes dunkel mächtige Gefühl erschütterte, zu einem nun schon in vielen Formen ausgedrückten Gedanken geklärt: daß das Deutschland, in dem wir geworden sind, was wir sind, versunken ist wie ein ausgeträumter Traum, und daß wir, wie auch immer die jetzigen Ereignisse auslaufen mögen, unsere Zukunft auf dem Grund und Boden eines andern Deutschland erleben werden. Niemand wird positiv zu bestimmen unternehmen, wie dieses nach Formen und Inhalten aussehen wird; aber vielleicht gerade, weil wir das Wie nicht wissen, sondern nur das Daß, beherrscht uns um so stärker, um so allgemeiner diese sozusagen undifferenzierte Idee: ein anderes Deutschland, als das in diesen Krieg hineinging, wird aus ihm hervorgehen. Was sie an Wucht und vitaler Bedeutung besitzt, kann die Jugend nicht in seiner ganzen Tiefe empfinden; sie hat zu wenig Vergangenheit, von der sie präjudiziert würde, zu wenig schon erworbenen Lebensstoff, um mit den Bedingungen, unter denen er erworben ist, verwachsen zu sein; sie wird sich in einheitlicher Anpassung an die neue Basis entwickeln. Für uns Ältere aber, die wir in der ganzen Epoche seit 1870 unser Leben geformt haben, liegt ein Abgrund von kaum abschätzbarer Breite zwischen ehemals und künftig, vor dem wir stehen wie vor der Entscheidung: noch einmal ein Leben auf neuen

Voraussetzungen und in neuer Atmosphäre aufzubauen, oder, wenn die Kraft dazu nicht reicht, in Desorientiertheit und als unbrauchbares Überlebsel zugrunde zu gehen. Wir wissen nur, daß auch der glücklichste Erfolg den unsäglich vielgliedrigen, in unsägliche Kompliziertheiten verfeinerten Aufbau des bisherigen Deutschland nicht einfach wieder erstehen lassen kann; sondern das unbekannte Deutschland, das er verspricht, wird in jedem Fall ein anderes sein. Und dieses mehr oder weniger deutliche Bewußtsein, daß **Deutschland von neuem in den Schmelztiegel geworfen ist**, hat die maßlose Erschütterung dieser Tage vielleicht von noch tieferen Schichten her motiviert, als die unmittelbare kriegerische oder politische Gefährdung.

Diese Wandlung heftete sich zunächst an einen neu gefühlten Zusammenhang zwischen dem Einzelnen und der ganzen Nation. Was viele von uns vielleicht theoretisch gewußt haben: daß in der Existenz des Individuums nur ein beschränkter Teil wirklich individueller, auf sich selbst ruhender Besitz ist — das gewinnt in der ruhigen Alltäglichkeit kein entschiedenes Bewußtsein, weil in ihr nur das, was die Menschen voneinander unterscheidet, von praktischem Interesse und Wirksamkeit ist. Den gemeinsamen Grund müssen erst starke Stöße in seiner Selbstverständlichkeit erschüttern, damit man ihn fühle, damit man wisse: wenn er sich aufreißt und wieder zu neuen Gestalten ballt, so wird nicht einfach ein abzugrenzender Teil deiner persönlichen Existenz ein anderer; sondern du hast nur eine Existenz, in der das Individuellste und das Allgemeinste sich an jedem Punkt zur Lebenseinheit durchdringen. Daß die mechanische Teilung zwischen jenen beiden untertaucht, ist einer der größten Gewinne dieser großen Zeit, der wieder einmal den organischen Charakter unseres Wesens fühlbar macht. Nur eine lange Periode ohne tiefste Aufrüttelungen läßt die mechanische Ansicht aufkommen, für die das Gemeinsame und das Eigene wie in räumlicher Getrenntheit, jedes für sich, existieren. Die Epochen, in denen vor den Erschütterungen des Lebensgrundes jene abstrakte Künstlichkeit der Trennungen zusammenfällt, sind von der Ganzheit und der Größe des Lebens erfüllt. Sie bezeichnen die Wendepunkte, an die sich eine neue Organisierung des Lebens ansetzt, eine Änderung seiner Ganzheit — gleichviel ob in der Unabsehlichkeit des Zukünftigen auch diese wieder der mechanistisch erstarrten Sonderung verfällt und ein neuer Schmelzprozeß zur geschichtlichen Forderung wird. Für gewöhnlich kommt der einheitliche Zusammenhang zwischen dem Einzelnen und dem Ganzen auf arbeitsteilige Weise zustande: der eine setzt die eine Leistung oder Bedeutung ein, der andere eine andere, jeder bedarf deshalb der Ergänzung durch den andern; durch die Verantwortung für seine Sonderleistung und durch deren Austausch, der sich durch das ganze nationale Leben erstreckte, wußte sich der Einzelne dem Ganzen verbunden. Während dies natürlich weiterbesteht, hat in diesen Tagen noch eine ganz andere Art von Einheit sich unseres Gefühles bemächtigt: nicht erst durch den Kanal eines differenzierten Tuns oder Seins, sondern ganz unmittelbar ist auf einmal der Einzelne in das Ganze eingegangen, an und in jedem Gedanken und jedes Gefühl ist eine überindividuelle Ganzheit gewachsen. Diese Gesamtheit ist nicht nur die Verwebung von Einzelwesen und ihrer Einzelkräfte, ist aber auch nicht ein Etwas jenseits der Einzelnen, wie sublime Soziallehren es mit einer teilweisen Richtigkeit darstellen. Sondern in dem jetzigen Erlebnis leuchtet aus dem neuen Grad, der neuen Art von Verantwortung und von Opfer auch ein neues Verhältnis von Individuum und Gesamtheit auf, dessen begrifflicher Ausdruck schwierig oder widerspruchsvoll ist und dessen reinste Anschaulichkeit der Krieger im Felde ist: daß gleichsam der Rahmen auch des individuellsten Lebens durch das Ganze ausgefüllt ist. Zwischen dem Einzelnen und dem Ganzen besteht kein Jenseits mehr, so daß selbst „Hingebung" kein ganz zutreffendes Wort ist: man braucht sich nicht erst hinzugeben, wo das Gefühl von vornherein keine Scheidung zeigt. Und wie für das Nebeneinander der Mitlebenden, gilt dies für das Nacheinander der Zukünftigen. Das ist das Wundervolle dieser Zeit, daß der Tag über den Tag hinausreicht, daß alles Praktische, alles Augenblickliche für die Gestaltung Deutschlands, in unabsehbare Zukunft hinein, wichtig ist. Früher war jedes solche Tun viel mehr mit seinen nächsten Folgen abgeschlossen, es begrenzte sich an der Stabilität der Verhältnisse. Jetzt aber, wo alles labil geworden ist, fließend, durcheinandergeworfen, von Neuem bildsam — jetzt streckt sich die Wirkung jeder einzelnen Handlung sehr viel weiter hin, ist unberechenbar bedeutsamer und wir sind deshalb für eine jede in sehr viel höherem Maße verantwortlich als früher. Daß wir jetzt nichts denken und nichts tun können, was nicht Bestimmung und Baustein für die ganze Zukunft wäre, das gibt dem heutigen Leben seine Schwere, aber auch seine Würde.

Wenn niemand heute prophezeien kann, wie das andere Deutschland aussehen wird, sondern nur daß es anders aussehen wird, so ist gerade dieses nicht-wissende Wissen das erste Zeichen davon, daß wir an einer Wende der Zeiten stehen. Denn Berechenbarkeit der Zukunft bedeutet, daß sie schon irgendwie makroskopisch in der Gegenwart liegt oder aus deren Stücken gleichsam mechanisch konstruierbar ist. Wo aber die Zeit wirklich neu werden will, da liegen die Elemente der Zukunft unerkennbar tief in der Gegenwart, da steht ein nur den Metamorphosen des Lebens vorbehaltener Umschlag in Frage, den niemand errechnen kann. Darum auch fühlen wir alle so stark, daß wir jetzt Geschichte erleben, das heißt, ein Einmaliges; alle Vergleiche davon mit Vergangenheiten haben etwas Schiefes. Denn was an einem Erlebnis, so bedeutsam oder so gering es sein mag, wirklich Geschichte ist, ist die Geburt eines noch nicht Dagewesenen, ist die Wendung des Weltgeistes zu einem Gedanken, den er nicht auf dem Wege der Assoziationspsychologie fassen konnte. Plötzlich wird einem klar, wie sehr man vorher im Nicht-Geschichtlichen gelebt hat; entweder, als Tageswesen, in dem, was zu jeder Zeit, ein wenig so oder so variiert, das Leben des Alltags erfüllt: Hunger und Liebe, Arbeit und Erfolg, Freuden und Leiden unsrer Vergänglichkeit; oder, als Existenz höherer Geistigkeit, lebten wir im Zeitlosen. Wir waren entweder unterhalb des eigentlich Historischen oder wir waren oberhalb seiner. Jetzt aber wird unser Bewußtsein emporgerissen zu dem Punkte, wo wirklich Wende und Wandlung zwischen endgültig Vergangenem und ungeborenem Neuem geschieht, wo wir wirklich Geschichte erleben, also einen Teil des einmaligen Weltprozesses, so daß wir wissen: das Leben wird ein anderes sein.

Darum wird selbst die Vermutung, die ihre Subjektivität zugibt, nur das Negative wagen dürfen: dies und jenes wird nach dieser Zeit nicht mehr sein — und auch sie wird, um nicht im Uferlosen umzutreiben, das Innerliche in seiner Verwandtschaft mit äußerlichen Tatsachen aufsuchen. Deutschland wird, auch bei glücklichem Ausgang des Krieges, vergleichsweise arm zurückbleiben. Was an Industrien, an Handelsverbindungen, an Einrichtungen, an gut begründeten wie an gewagten Unternehmungen heute schon zusammengebrochen ist, was durch den Stillstand der Betriebe verloren gegangen ist, kann kein Mensch übersehen. Daß wir alle auf den einen Gedanken: Krieg und Sieg — konzentriert sind, das trägt uns — das ist ebenso Notwendigkeit wie Glück — für jetzt noch über die Errechnung dieser Zerstörungen hinweg. Ich bin überzeugt, daß sie jedes Maßstabes spotten, den man heute etwa anlegen möchte. Und wenn man auch ebenso überzeugt ist, daß wir gesund und stark genug sind, unsere Wirtschaft von neuem aufzubauen, so wird eine lange Zeit dazu gehören; auch der europäische Haß, der wohl die Erbschaft dieses Krieges sein wird, selbst wenn dieser Haß sich keineswegs nur gegen uns richten, sondern, wie ich überzeugt bin, auch die jetzt gegen uns Vereinten entzweien wird, und die Zusammenbrüche an allen Ecken und Enden des weltwirtschaftlichen Kreises — all dieses wird die Heilung unserer wirtschaftlichen Wunden nicht beschleunigen.

Aber sehr wohl könnte die Innenseite dieser Einbuße ein Gewinn sein. In den letzten Jahren hat eine Erscheinung bei uns überhand genommen, die ich Mammonismus nennen will. Ich meine damit nicht das, was für jeden nicht mehr barbarischen Zustand offenbar unvermeidlich ist: daß das Geld, das Mittel für fast alle Wünschbarkeiten der Menschen, das Mittel schlechthin, für den Menschen zu einem Endwert und Selbstzweck auswächst. Ist dies aber noch immer eine Form des subjektiven Begehrens und eine psychologische Abkürzung praktischer Zweckmäßigkeiten, so bezeichnet Mammonismus eine Steigerung hiervon sozusagen in das Objektive und Metaphysische: die Anbetung des Geldes und des Geldwertes der Dinge, ganz gelöst von dem eigentlich Praktischen und dem persönlich Begehrlichen. Man muß solche Erscheinungen, weil sie sich ja nie in reiner Isolierung darbieten, mit paradoxer Zugespitztheit aussprechen, um sie innerhalb der seelischen Chaotik über-

haupt einmal sichtbar zu machen. Wie der wahrhaft
Fromme zu seinem Gott betet, nicht nur weil er etwas
von ihm wünscht oder hofft, sondern frei von solchen
subjektiven Triebfedern, nur weil er Gott ist, das absolute,
das um seiner selbst willen Anbetung fordernde Wesen —
so verehrt der Mammonist das Geld und den in Geld
ausdrückbaren Erfolg alles Tuns, sozusagen selbstlos, in
reiner Ehrfurcht. Mag also diese Erscheinung auch
immer nur in Verwebung mit eigentlicher Geldgier, mit
Gewinn- und Genußsucht auftreten — daß sie überhaupt
da war, daß namentlich in unsern großen Städten dieses
Transzendentwerden des goldenen Kalbes, dieser Idealismus der Geldwertung endemisch wurde, schien mir eine
feinere und tiefere Gefahr als alle jene mehr materialistischen, mehr habsüchtigen Begleitschatten der Geldwirtschaft.

Unsere große Bedrohung war nicht der unmittelbare
Materialismus, der sein Korrektiv im Lauf der Zeit schon
von selbst hervorruft, sondern daß er sich in allerhand
Ideologien weltanschaulicher und ethischer, ästhetischer und
politischer Art umsetzte. Es haben aber die Erschütterungen dieser Zeit es in Hinsicht der wirklich idealen
Werte vielen eindringlich gemacht, daß die partielle
Marxistische Wahrheit: solche Werte seien nur der
Überbau über materiellen Interessen — auch umgekehrt gilt: alle materiellen Werte sind jetzt der bloße
Überbau über tiefsten seelischen und idealen Entscheidungen und Entschiedenheiten. Deutschlands ökonomische
Opferbereitschaft bedeutet gar nichts anderes, als daß
diese Werte sich in jene Rangordnung einstellen[1] —

---

[1] Diese Äußerung ist als optimistische Täuschung aufgefaßt worden.
Sie besagt indes keineswegs, daß der Mammonismus nun als überwunden gelten solle, sondern nur, daß eine gewisse, d. h. ungewisse
Zahl von Menschen, deren letztes Wesen er noch nicht vergiftet hatte,

womit sie, wie ich zeigen werde, keineswegs irgendwelchen überdeutsch-objektiven Idealen verhaftet sind.

Ich gehe noch einer andern Folge unserer wirtschaftlichen Einbußen nach, die dem Gelehrten besonders naheliegt. Unsere Wohlhabenheit hat der Wissenschaft — der Literatur überhaupt — ein Überangebot von Kräften zugeführt: von Leuten mit einem Spürchen von Begabung und geistigem Interesse, oder die von der sozialen Angesehenheit der geistigen Schichten profitieren wollen oder denen an Titeln und Karriere liegt. Es sind wieder einmal die vorhandenen Produktivformen von den vorhandenen Produktivkräften überflutet worden — nur daß es eben Pseudokräfte waren, wie der Vermögensbesitz sie oft verleiht, indem die ganz unspezifische Potenz des Geldes sich selbstbetrügerisch in die Idee einer persönlichen Fähigkeit umsetzt. Was Deutschland seinem Wissenschaftsbetrieb verdankt, ist jenseits aller Erörterung; allein nun ist es nicht zu leugnen: unsere Wissenschaft ist, wie man es früher vom Handwerk sagte, „übersetzt". Wissenschaft, ursprünglich erwachsen als

aus ihrer gedankenlosen Gefolgschaft aufgeschreckt sind. Die inzwischen verlaufenen Kriegsjahre haben mit Kriegswucher und Überforderungen, Hamsterei und Methoden der Kriegssteuerhinterziehung gezeigt, daß von einer allgemeinen Überwindung des Mammonismus nicht die Rede sein kann. Im Gegenteil hat der Krieg auch hier offenbart, was man seine metaphysische Leistung nennen kann: er ist der große Scheidungsprozeß zwischen Licht und Finsternis, zwischen dem Edlen und dem Gemeinen, denen die läßliche Friedenszeit unentschiedenere Grenzen gestatten konnte; so zwischen den Völkern wie innerhalb der Völker, ja innerhalb der Individuen. Es scheint zum Lebensrhythmus der Menschheit zu gehören, daß sie von Zeit zu Zeit solche Epochen der Differenzierung erfährt, in denen Farbe bekannt wird und aus denen sie dann wieder in eine mehr kontinuierliche Verbindung ihrer Pole, in einen toleranteren Relativismus ihrer Werte übergeht. Der Krieg hat dem Leben eine ungeheure Intensitätssteigerung gebracht, in der die wundervollen Menschen noch wundervoller, die Lumpen noch lumpiger geworden sind.

das Betätigungsfeld relativ weniger, aufopferungsvoller Menschen, kann den Umfang ihrer sinnvollen und legitimen Aufgaben nicht so schnell erweitern, daß für den ganzen Strom der in ihr sich Betätigenden, dessen Schleusen unsere Wohlhabenheit aufgezogen hat, darin Platz wäre. Die Folge dieser Überflutung des wissenschaftlichen und literarischen Arbeitsgebietes — mag die Flut auch durch an sich höchst wertvolle Tendenzen des deutschen Geistes in dieses Bett geleitet sein — ist das sinnlos werdende Spezialistentum, die literarische Überproduktion, das Verschwenden vieler Kräfte an abgelegenste Probleme, die von den eigentlichen Werten der Erkenntnis abgeschnürt sind. Gegenüber der an ihrer Stelle durchaus richtigen, aber durchaus nicht an jeder Stelle richtigen Wertung der „Andacht zum Kleinen", der „bescheidenen Kärrnerarbeit", der „nützlichen Bausteine" sollte man den Mut haben, einzugestehen: es gibt auch ein überflüssiges Wissen, gewissermaßen parasitäre Erkenntnisse, die mit dem wirklich Wissenswürdigen gar keinen realen Zusammenhang haben, sondern nur aus der formalen Gleichheit der Methoden und damit, daß in andern Fällen das scheinbar Unbedeutende sehr wichtig werden kann, eine illegitime Schätzung genießen. Wenn es aber künftig nicht mehr so vielen ihre äußeren Mittel erlauben werden, Doktoren der Philosophie oder gar Privatdozenten — oder etwa nur Schriftsteller überhaupt — zu werden, so ist zu hoffen, daß sich nur diejenigen der Wissenschaft widmen werden, denen es ihre inneren Mittel erlauben, oder vielmehr: gebieten; und vor allem, daß die Arbeiten sich mehr auf das wirklich Wissenswerte und Wesentliche beschränken werden. Wir alle wissen, daß die letzten Jahrzehnte in Deutschland neben einer ungeheuren wissenschaftlichen Betriebsamkeit eine erschreckende Abkehr des Denkens von den entscheidenden, grundlegenden Problemen brachten. Wenn seit wenigen Jahren schon eine Reaktion darauf bemerklich war, eine Wiederaufnahme der Probleme, die die Ganzheit des Lebens von seiner Wurzel her bestimmen — so wird das ökonomische Bescheidenerwerden auch hier diesen Krieg als den äußeren Vollstrecker des innerlich schon Angelegten und Ersehnten offenbaren; er zerstört freilich auch hier, aber gewissermaßen von den äußeren Schichten her, den wertloseren, zum Absterben bestimmten; möge er den Kern nicht nur übrig lassen, sondern ihm stärkere Sichtbarkeit und reichere Entfaltung gewähren!

Daß wir nur mit so ungefähren oder negativen Bestimmungen von dem kommenden Deutschland reden können, wie ich es hier für einzelne Punkte versuchte, — das bedeutet heute die Unbegrenztheit eines nicht ausgemünzten Reichtums. Und so verhüllt uns noch die Formen seiner Realisierung sind, eine Gesamtform dieser scheint sich schon heute aufzuarbeiten, freilich eine, von deren Wesen Kampf und Leiden, Härte und Verzicht unabtrennlich sind: die Scheidung zwischen dem, was in Deutschland noch lebens- und zeugungsfähig ist, und dem, was an die Vergangenheit angenagelt und ohne Recht an die Zukunft ist: Menschen und Institutionen, Weltanschauungen und Sittlichkeitsbegriffe. Die behagliche Ungestörtheit des Friedens mag es sich leisten können, das Überständiggewordene, innerlich Abgestorbene noch mitzurechnen, es mittels allmählicher Übergänge mit dem wirklich Lebendigen zu vereinheitlichen. Mit der Härte und Entschiedenheit, zu der der Krieg unser Dasein ausgehämmert hat, verträgt sich dies nicht länger, er stellt alle und alles vor ein unbarmherziges Entweder-Oder von Wert und Recht und läßt nur noch Raum für das wahrhaft Keimkräftige und Echtgebliebene; was unserm bevorstehenden Leben, dem wir kaum mit dem Alleräußersten von Kraft und Leistungswerten genügen können, sich nicht mehr fördernd einfügt, muß ausgestoßen werden, in die Not und Arbeit unserer Zukunft können wir nicht mehr mitschleppen, was uns der Kräfteüberschuß der weniger beanspruchenden Vergangenheit zu konservieren erlaubte. Daß unsere Siege das Opfer jener herrlichen alten Kathedralen forderten, das ist, freilich ins schmerzhaft Groteske übertrieben, dennoch ein Symbol dessen, was auch uns bevorsteht. Wer nicht mitbauen kann an dem neuen Deutschland, muß beiseite stehen, welche Menschen und Dinge innerlich schon gerichtet und unfruchtbar geworden sind, an denen vollzieht der Krieg nur den Richterspruch. Denn seine Erschütterungen schütteln die Bäume, daß abfällt, was überreif ist und nur lässiger Duldsamkeit noch frisch erschien. —

Doch will ich bei alledem nicht leugnen, daß erst die letzten Jahre und dann wieder die letzten Wochen mir den Glauben an die ideelle Bedeutung eines deutschen Krieges gegeben haben. Lange Zeit stand mir die Voraussicht eines Krieges mit Frankreich unter dem beängstigenden Gedanken, daß Frankreich in ihn eine Idee einzusetzen hatte; die Revanche war die in ihrer Art sittliche Idee, an der das innerlich sehr dissolute, an vielen Punkten zerfallende Frankreich eine Einheit, einen Zielpunkt, einen Halt besaß; der nationalistische Idealismus hat die — freilich wohl sehr dünne — Oberschicht französischer Jugend genährt, an der man seit einigen Jahren eine zweifellose Steigerung von Ernst, Vertiefung, moralischer Kraft beobachten konnte. Das also war keine Frage: die Revanche bedeutete für Frankreich nicht materielles oder territoriales Interesse, auch nicht einfache Ruhmsucht oder Eitelkeitstic, sondern sie war eine Idee, deren Fahne fast alles — ich nehme die sozialistischen Bestrebungen aus — zusammenführte, was Frankreich an männlicher Kraft und praktischem Idealismus besitzt. So hat eine „Idee" uns 1870 geführt: es galt den Gewinn der deutschen Einheit, die endliche Verwirklichung eines idealistischen Traumes. Was aber, das diesem und der französischen Revancheidee entspräche, hätten wir einzusetzen? Nichts Positives, so schien es, sondern eine bloße Verteidigung dessen, was wir schon haben, kein von fern her winkendes Ziel — was hätten wir wohl in einem Kriege mit Frankreich noch zu gewinnen? So schien mir Frankreich einen ungeheuren seelischen Kraftfaktor vor uns vorauszuhaben. Die Ereignisse, in denen nicht nur Frankreich, sondern sozusagen die ganze Welt gegen uns steht, haben mich eines besseren belehrt. Ich wage die Behauptung, daß die meisten von uns erst jetzt das erlebt haben, was man eine absolute Situation nennen kann. Alle Umstände, in denen wir uns sonst bewegten, haben etwas Relatives, Abwägungen des Mehr oder Weniger entscheiden in ihnen, von dieser oder jener Seite her sind sie bedingt. All solches kommt jetzt nicht mehr in Frage, wir stehen mit dem Kräfteeinsatz, der Gefährdung, der Opferbereitschaft vor der absoluten Entscheidung, die keine Ausbalanzierung von Opfer und Gewinn, kein Wenn und kein Aber, kein Kompromiß, keinen Gesichtspunkt der Quantität mehr kennt. Mit diesem Ungeheuren, das uns nie ein Krieg mit Frankreich allein, sondern nur ein Krieg, wie wir ihn jetzt führen, bringen konnte, sind wir einer Idee verhaftet. Denn die Frage: soll Deutschland sein oder nicht sein — kann nicht mit dem Verstand der Verständigen und seinen immer relativen Wägungen beantwortet werden, freilich auch nicht mit dem kindlichen Gemüt. Hier entscheidet allein — auch für den, der das Wort Idee nie gehört oder nie verstanden hat — jene höchste Instanz unseres Wesens, die Kant „das Vermögen der Ideen" nennt —

das heißt das Vermögen, ein Unbedingtes zu erfassen. Denn alles Einzelne und Bedingte, das uns sonst bestimmte, liegt unter uns: wir stehen — was das Leben sonst nur wenigen von uns gestattete oder abforderte — auf dem Grund und Boden eines Absoluten.

Diese innere Lage ist es, die ersichtlich das Ausland nicht versteht und die unsere europäische Einsamkeit bedingt. Daß unsere Not und unsere Verteidigung um die bare physische und wirtschaftliche Lebensmöglichkeit geht und zugleich um das höchste Seelische und Ideelle — um das zu begreifen, scheint es, muß man selbst im Zentrum des Erlebens stehen; offenbar erst von ihm aus weiß man die unerrechenbare Einheit von diesen beiden — eben jene Absolutheit unserer Lage, während die von außen Zusehenden diese Lage immer nur aus einzelnen Interessen, Nöten, Wertungen konstruieren und wägen wollen. Dabei ist heute die einzige Möglichkeit, sich die überparteimäßigen Wertungen in ihrer Objektivität rein zu erhalten, daß man sich entschieden, bewußt, willensmäßig auf die subjektive und Parteiseite stellt. Ich liebe Deutschland und will deshalb, daß es lebe — zum Teufel mit aller „objektiven" Rechtfertigung dieses Wollens aus der Kultur, der Ethik, der Geschichte oder Gott weiß was heraus. Sobald ich auf solche eintrete, bin ich gerade in der Gefahr, diese objektiven Werte zu versachlichen, und in der Gefahr jedes Beweisenden: widerlegt zu werden. Unwiderleglich ist nur das Unbeweisbare — unser Wille zu Deutschland, der sich über alle Deduktionen stellt. In jeder Bedeutung ist es abzulehnen, daß „Deutschland siegen muß, wenn die Geschichte einen Sinn haben soll". Aus dem „Sinn der Geschichte" — den erkennen zu wollen sowieso ein Größenwahn des Intellekts ist — diese Forderung herauszuholen, ist ein sinnloser Umweg. Wir würden für Deutschland kämpfen, auch wenn damit einem angeblichen „Sinn der Geschichte" schnurstracks entgegengehandelt würde.

Und in dieser Richtung noch eines. Die „Idee", sagte ich, unter der Deutschland 1870 kämpfte und siegte, war der Gewinn der deutschen Einheit, und wir haben ihr jetzt keine zur Seite zu stellen, die mit einem so einfachen, durchschlagenden Worte zu benennen wäre. Der Tatsache nach aber ist, was wir jetzt erleben, erst die Vollendung von 1870. Von neuem gilt es, das Reich zu gewinnen, nur wie auf einer höheren Stufe, in einem höheren Sinne des Gewinnens, dessen äußre Erscheinung nur ist, daß es gilt, es zu schützen; nicht aus dem Noch-Nicht, wie damals, ist es aufzubauen, sondern aus einer Wirklichkeit seiner, von der erst die jetzigen Tage vielen gezeigt haben, daß sie erst eine Möglichkeit, ein Material ist. 1870 haben wir geglaubt, es wäre ein Definitives gewonnen; jetzt sehen wir: es war ein Vorläufiges! Dies sind die großen Wendepunkte des Lebens, an denen sein Entwicklungscharakter, historisch wie metaphysisch, hervortritt; das für fertig Gehaltene, Abgeschlossene enthüllt sich als ein Vorläufiges, Potentielles, Baustoff eines Neuen und Höheren, auch die Frucht zeigt sich als Samen. Damals wurde das Reich geboren, heute geht es — und das wissen wir vielleicht erst heute — aus dem Jünglingsalter in das Mannesalter über, mit den neuen Aufgaben, den furchtbaren Gefahren und ungeahnten Verantwortungen, mit denen solcher Übergang sich vollzieht.

Ich verfolge dies noch in einer Linie, die wieder einen wirtschaftlichen Ausgangspunkt hat. Seit 40 Jahren sind uns die „Gründerjahre" ein schreckhaftes Symbol von volkswirtschaftlicher Ausschweifung, Unsolidität, übermütigem Materialismus. Ich glaube, wir können sie heute etwas historisch gerechter ansehen. In den deutschen Staaten war bis zum Jahre 70 ein ungeheures Maß von wirtschaftlichen Spannkräften aufgehäuft, die keine rechte Entladung finden konnten: trotz des Zollvereins hemmte die Kleinstaaterei, hemmte der Mangel an einheitlicher politischer Macht nach außen hin, hemmten vielleicht auch noch von 66 zurückgebliebene Rankünen die Entwicklung der gleichsam in der Knospe verschlossenen wirtschaftlichen, insbesondere industriellen und bankgewerblichen Möglichkeiten. Wir alle wissen, wie die Reichsgründung diesen Bann löste; 1870 bedeutete für die Freilegung dieser deutschen Kräfte etwa, was 1789 für die des tiers Etat bedeutete. Die Gründerperiode erscheint als das erste, ungeschlachte und unbehilfliche Stadium dieser Entwicklung, die Vorwegnahme von Erfolgen und Gewinnen, die allerdings eine lange Arbeit erst reifen konnte — begreifbar aber aus dem Gefühl einer endlich hemmungslosen Energie, die ihre Grenzen noch nicht erfahren hat. Die Entfaltung der wirtschaftlichen Dynamik war das prinzipiell Neue, das uns das Reich brachte, und dies war der Grund, weshalb die Betonung des öffentlichen Interesses zunächst nach dieser Seite fiel, „materialistisch" wurde. Nietzsche, der die hierin enthaltenen Gefahren allerdings mit einzigartiger Klarheit sah, war doch zugleich so davon geblendet, daß er diese Ausschweifung plötzlich freiwerdender Kräfte nicht in ihrer psychologischen Unvermeidlichkeit erkannte, nicht erkannte, daß dieser Materialismus der jugendliche Überschwang war, der sich mit den anderen älteren Lebensmächten erst allmählich ins Gleichgewicht setzen konnte. Wie er, der die historische Zufälligkeit der bestehenden Moral aufs schärfste durchschaute, doch ihrer Suggestion so unterlag, daß er sie mit der Moral überhaupt identifizierte und seinen Kampf gegen jene als Immoralismus schlechthin bezeichnete — so machte die Veräußerlichung, Verwirtschaftlichung des Lebens auf ihn den Eindruck eines Absoluten; so daß er in der aus ihr aufsteigenden sozialen Bewegung vom Ende des 19. Jahrhunderts nur das Äußerliche, Materialistische, primär Ungeistige sah, und nicht begriff, welche ungeheure weltgeschichtliche Idee und weltgeschichtlicher Idealismus mit ihr jenen Materialismus zu durchdringen begann und sich über ihn als ihren bloßen Fußpunkt hinaus entwickeln wollte.

Gleichviel wie man diese Entwicklung werte — wir hatten also vor 1870 eine Unermeßlichkeit wirtschaftlicher Potentialitäten, die die Reichsgründung in Wirklichkeiten umzusetzen und damit einen völlig veränderten Aspekt Deutschlands zu schaffen gestattete; und nun erhebt sich die Frage: besitzt das jetzige Deutschland Spannkräfte, die entsprechend durch unsern Krieg gelöst werden können und ihn damit wiederum zum Ausgangspunkt eines andern Deutschland machen werden? Möglichkeiten dieser Art kann man nicht beweisen; ich glaube aber, daß ihre Bejahung nur ein in vielen von uns lebendiges Gefühl ausspricht. Nur daß damals wirtschaftliche, heute aber geistige Möglichkeiten in Frage stehen. Was immer von solchen verwirklicht werden mag, sie scheinen mir als Erfolge des jetzigen Erlebnisses ihr tiefstes Wesen darin zu haben, daß sie nicht, wie Eroberungen, eine gleichsam äußere Hinzufügung von Neuem, unserem Leben bisher ganz Unverbundenem bedeuten. Sondern wie Früchte sind sie, die schon lange vor der Reifung standen, vielleicht noch lange vor ihr gestanden hätten; nun aber hat Blut und Kraft dieser Zeit alle Säfte des deutschen Lebens in sie getrieben und gesammelt und hat zu äußerer Wirklichkeit gereift, was längst innere Notwendigkeit war. So litt unser Leben — um einen Punkt als symbolisch für viele andre hervorzuheben — unter den Gegensätzen einer materialistischen und einer ästhetisierenden Führung. Vielleicht war der Materialismus der zuerst unvermeidliche Schatten jenes wirtschaftlichen Aufschwungs — der dann als seinen nicht minder extremen Gegenschlag die blasse Überfeinerung des Ästheten hervorrief. Es besteht eine tiefe innere Verbindung zwischen der zu nahen Fesselung an die Dinge und dem zu weiten Abstand, der uns mit einer Art von „Berührungsangst" ins Leere stellt. Wir wußten längst, daß wir an beiden zugleich krank und doch zur Gesundung reif waren, die wir von der Krisis des Krieges ersehnen. Für wen hundertmal die Frage der Stunde zwischen Leben und Tod stand oder wer auch nur zu Hause Tag für Tag von dem unbedingten Schicksal dieser Zeit erfüllt war, der hat erfahren, wie wenig das Leben auf das bloß Materielle der Dinge und wie wenig es auf den bloßen Reiz ihrer Form zu stellen ist. Wenn überhaupt irgendein innerer Erfolg des Krieges uns sicher ist, so ist es dieser: daß unzählige von uns mehr als bisher am Wesentlichen leben werden; wer an irgendeinem Punkt seiner Existenz ein Wesentliches besaß, an dem müssen die Erschütterungen dieser Zeit es gereift und herausgebracht haben, nachdem die Vergangenheit es nach jenen beiden Polen hin zu zerstreuen drohte.

Aber vielleicht ist die Wende der Zeit noch weiter ausgreifend zu bezeichnen.

Seit einer Reihe von Jahren gehen die geistigen Bewegungen in Deutschland, wie aus der Ferne freilich, fragmentarisch, mehr oder weniger bewußt, auf das Ideal eines neuen Menschen zu. Die Schicht, aus der dies Gedankengebilde sich entwickelt, beginnt, wenn ich richtig beobachtet habe, etwa vom Jahre 1880 an zusammenzuschießen. Außerhalb ihrer wohnt, wer um diese Zeit herum seine geistige Entwicklung schon abgeschloffen hatte; wer aber dann noch bildsam war, auf den haben Nietzsche und der Sozialismus gewirkt, der Naturalismus und das neue Verständnis der Romantik, Richard Wagner und die Technik der modernen Arbeit, das Wiederaufleben von Metaphysik und Religiosität und die spezifisch moderne, aus Veräußerlichung und Vergeistigung zusammengewebte Ästhetik der Lebensgestaltung. Gleichviel, wie annehmend oder ablehnend der Einzelne sich zu jedem dieser Elemente gestellt hat: irgendwie hat er sich zu jedem gestellt, hat es zu einem positiven oder negativen Faktor seiner inneren Struktur werden lassen. Er ist der moderne Mensch geworden — freilich eben noch nicht der neue Mensch, von dem jetzt unsere Hoffnung spricht; aber er hilft dessen Fruchtboden bilden, aus solchen Menschen ist jene Schicht zusammengewachsen, deren wirr hin und her schießende Bestrebungen und Gläubigkeiten, Bejahungen und Verneinungen nun nicht mehr — und das ist das ganz Entscheidende — ein einzelnes Haben oder Sein, sondern die Idee eines neuen ganzen Menschen gemein haben. Das ist nicht ein einzelner in concreto möglicher Mensch — von einem Messias rede ich hier nicht —, sondern eben eine übersinguläre Idee, wie der „natürliche Mensch" Rousseaus es war, der auch nicht ein so und so aussehender, plötzlich einen neuen Begriff realisierender war, und in dem dennoch, mit ungeheurer realer Wirkung, alle möglichen Sehnsüchte und Wertungen des 18. Jahrhunderts zusammenschossen. Verfolgt man jede einzelne Idealbildung für sich, so sah der neue Mensch für Ludwig Frank sicher sehr anders aus, als er für Stefan George aussieht, für Ostwald anders als für Eucken. Aber nicht auf diese Unterschiede kommt es an, sondern daß Hoffnung, Arbeit, Ideal überhaupt auf den neuen Menschen geht. Nicht auf den Gewinn von dieser oder jener Vollkommenheit richtet sich die Absicht; sondern eine Epoche arbeitet sich auf, in der der Mensch als ganze Existenz das Ideal einer Neubildung ist — ein Ideal, das im großen Stil nicht häufig in der Weltgeschichte auftaucht: bei den Stoikern, im paulinischen Christentum, in der Renaissance, in nicht so entschiedener Weise in der Aufklärung und dem Revolutionarismus des 18. Jahrhunderts. Jetzt wissen wir: nicht viele Dinge sollen anders werden, sondern die Einheit Mensch. Wir wissen nicht, in welchem Sinne anders er sein wird und wollen alle utopischen Überschwänglichkeiten beiseite lassen. Aber in dieser Struktur unserer gegenwärtigen Geistigkeit sehe ich das Pfand dafür, daß Deutschland wieder schwanger ist mit einer großen Möglichkeit. Es kann nicht wohl ein Zufall sein, daß das vom ersten Tage dieses Krieges an uns beherrschende Gefühl: Deutschland wird nicht sein oder es wird ein anderes Deutschland sein —, es kann kein Zufall sein, daß dies auf jene inneren Vorbereitungen trifft, verhangen und widerspruchsvoll, wie sie sein mögen, aber gerade mit ihrer Vielheit und Dunkelheit einen Reichtum verbürgend, in dem Einheit und Mannigfaltigkeit sich nicht widersprechen. Über alle einzelnen, erreichten oder noch zu erreichenden Ziele in der Wissenschaft oder in der Technik, in der Kunst oder in der sozialen Organisation hinaus ist dem Deutschen jetzt eine Ganzheit als Ziel erwachsen, ein ersehnter neuer Typus des Menschen, der seine Ganzheit und daß es sich um die Wurzel der Existenz, nicht um ihre einzelnen divergierenden Auszweigungen handelt, gerade darin zeigt, daß er dem Phänomen nach vielleicht gar nicht so erstaunlich anders aussehen wird, aber in seiner subjektiven Gesinnung und seinem objektiven Sinn ein neuer sein wird. Vielleicht aber ist der Begriff des Zieles hierfür nicht der richtige: nicht ein klar Beabsichtigtes steht

in Frage, ein bestimmtes Bild, das man zweckmäßig
realisiere, sondern ein von innen getriebenes Wachstum,
ein organisches Werden — freilich nicht ohne eigene
Arbeit sich vollziehend, denn in den Lebensprozeß des
Menschen, in die Naturkraft seines Sichformens gehört
die Arbeit als unmittelbares Element hinein. Nicht also
eigentlich unter der Kategorie eines Zieles steht uns der
neue Mensch, sondern unter der einer tiefen Gewißheit,
einer mit unserm jetzigen Sein selbst gesetzten Hoffnung.
Und eben weil mit ihm wieder ein Ganzes unsere Idealbildung zu beherrschen beginnt, verträgt es jene Mannigfaltigkeit und Gegensätzlichkeit seiner einzelnen Bestimmungen, ja wenn keine einzelne solche sich als allen gemeinsam zeigen sollte, würden wir — gleichviel ob wir
es begrifflich rechtfertigen können oder nicht — aussprechen: wir alle suchen und erhoffen gemeinsam den
neuen Menschen. Ungezählte Äußerungen der geistigsten
Menschen Deutschlands haben mir, höchst mannigfaltig
geformt, immer das gleiche Gefühl offenbart: daß dieser
Krieg irgendwie einen andern Sinn hat als Kriege sonst
haben, daß er eine, ich möchte sagen mysteriöse Innenseite besitzt, daß seine äußeren Ereignisse in einer schwer
aussagbaren, aber darum nicht weniger sicheren Tiefe
von Seele, Hoffnung, Schicksal wurzeln oder auf diese
hingehen. Nur um die Deutung dieses Gefühles handelt
es sich, wenn ich von dem neuen Menschen als von dem
Ideal sprach, das die früheren Lebensziele allmählich zu
umfassen und zu überbauen begonnen hatte, zu dessen
klarerem Anblick und hoffnungsvollerer Nähe aber dieser
Krieg die sonst vielleicht noch lange verschlossenen Tore
aufgerissen hat. Daß die Erneuerung unserer inneren
Existenz, wie wir alle sie als seine tiefste, in alle Zukunft
hinein weisende Bedeutung fühlen, nicht auf eine Ver-
besserung unserer Lage, nicht auf die Steigerung irgend-

welcher Einzelwerte hingeht, sondern auf die Einheit und Ganzheit eines jeden — das hat sein Symbol wie seine Bedingung darin gefunden, daß erst mit diesem Krieg auch unser Volk endlich eine Einheit und Ganzheit geworden ist und als solches die Schwelle des anderen Deutschland überschreitet.

Die Dialektik des deutschen Geistes.

> „Es ist der Charakter der Deutschen, daß sie über allem schwer werden und daß alles über ihnen schwer wird."
>
> Goethe, Wilhelm Meisters theatralische Sendung.

Die Dialektik des deutschen Geistes.

Die Form, in der der Deutsche sein Lebensideal bildet, zeigt einen Typus, der von keinem anderen Volk vertreten zu sein scheint. Das Ideal des Franzosen ist der vollkommene Franzose, das Ideal des Engländers der vollkommene Engländer. Die ganze deutsche Geistesgeschichte aber erweist: das Ideal des Deutschen ist der vollkommene Deutsche — und zugleich sein Gegenteil, sein Anderes, seine Ergänzung. Daher die uralte deutsche Sehnsucht nach Italien, nicht nur nach der Schönheit und den Darbietungen des Landes, sondern auch nach dem italienischen Leben, das dem deutschen so entgegengesetzt wie möglich ist und das Viele von uns, nicht trotzdem, sondern gerade wegen dessen als das einzige ihnen gemäße, ja ihnen einzig mögliche empfunden haben. Und dies pflegten keine Bastardnaturen zu sein, sondern gerade ganz echtbürtige, kernhaft deutsche Naturen. Daß sie das Fremde, durch den Gegensatz Erlösende suchten — das eben war die echt deutsche Sehnsucht, dieses Hinauslangen über das Heimische wurde gerade von ihrer heimischen Wesensart mitumfaßt. Daran darf nicht irre machen, daß sie für das Deutschtum oft nur heftige Absage, Kritik und Spott hatten. Es ist begreiflich, daß sie, auf die andere Seite hinübergetrieben, kein rechtes Bewußtsein davon hatten, wie deutsch sie gerade in diesem Getriebenwerden waren. Die stärkste Erscheinung dieses Typus ist vielleicht Hölderlin. Ich kann nicht zustimmen, wenn man ihn einen nachgeborenen Griechen genannt hat. In ihm lebte das deutsche Begehren nach dem Gegensatz — nicht nur zu dem Gegebenen, sondern zu dem Vollendungsideal des Gegebenen — nur daß seine dichterische Phantasie ihn als ein Unmittelbares, gleichsam Gegenwärtiges anschaute. Er erscheint mir als die vollendetste Ausgestaltung jener Dialektik des deutschen

Geistes, weil seine Liebe dem Deutschtum und dem, was ihm als dessen völlige Andersheit erschien, in wunderbarem Gleichmaß galt. Deshalb war seine Sehnsucht gewiß keine romantische oder sentimentale. Denn diese bedeutet immer, daß der Dualismus nicht mehr die Einheit des deutschen Wesens ausdrückt, sondern zu der ganz anderen Erscheinung eines problematischen Schwankens gelockert ist. Hölderlin war der Jugendfreund Hegels, dessen metaphysisches Grundmotiv schlechthin nur aus deutschem Boden wachsen konnte: daß jedes Ding seinen Gegensatz verlangt und erst, indem es in diesen umschlägt, zu seiner eigenen Vollendung kommt. Es handelt sich nicht einfach um das Ungenügen an dem, was wir sind, wie es jeden Idealismus überhaupt bezeichnet, sondern daß unser Ideal dies Sein nicht nur in seiner eigenen Richtung steigert, vielmehr dessen eigenen Gegensatz in sich aufnimmt und an ihm erst sich selbst vollendet. Unsere Reiselust, unser historischer Sinn, unsere Fähigkeit und Neigung, die Geistesgebilde aller Völker uns anzueignen, sind nur Ausgestaltungen dieser Grundform unseres Wesens, und die Hegelsche Formel, gleichviel ob sie dem objektiven Wesen der Welt gegenüber ausreicht oder nicht, würde wohl ihre Zauberkraft am deutschen Geist niemals geübt haben, wenn er nicht die Wahrheit seines eigenen Seins an ihr empfunden hätte.

Dieser Grundverfassung entstammen unsere tiefsten wie unsere gefährlichsten Eigenschaften. Vor allem eine gewisse Formlosigkeit, die der Blick der anderen Nationen äußerlich bemerkt, ohne ihren tiefen Sinn zu begreifen. Wir gelangen so spät zur Form, nicht weil sie sich uns versagte, sondern weil wir jede zerbrechen, indem wir hinter ihr die entgegengesetzte als Möglichkeit und

Wert, als Ergänzung und ideellen Anspruch fühlen — zerbrechen sie damit freilich oft, bevor sie sich noch anschaulich gefestet hat. Die Formlosigkeit des russischen Wesens ist eine völlig andere. Sie entspricht der Endlosigkeit der russischen Steppe, dem weit ausladenden, keine Grenzen anerkennenden Charakter des typischen Russentums, der mit dessen mystischer Religiosität eng verbunden ist; das Verschwimmende, aber zweifellos Tiefe seines Gefühlslebens, das über alle klaren Abgrenzungen von Verstand und Willen herrscht, kann nur am Unendlichen seinen Gegenstand finden. Das Unendliche ist ihm, eben in seinem religiösen Gefühl, gewissermaßen schon Besitz, während es für uns mehr ein Streben ist, mehr der zusammenfassende Name für das Bedürfnis nach alledem, was jenseits unseres Gegebenen und Besessenen steht. So ist ihm die Formlosigkeit ein positiver Wert, für uns eine oft schmerzlich empfundene Folge jenes Bedürfnisses.

Vielleicht ist dies die notwendige Art, in der ein Volk sich entwickelt, in dem noch eine Unabsehlichkeit nicht gelöster Spannkräfte, eines noch nicht gestalteten Lebensmaterials liegt — die Art jedenfalls, mit der die höchste Wahrscheinlichkeit für das Wirklichwerden all seiner Möglichkeiten, für das Herausholen aller Entwicklungschancen gegeben ist. Wie in unserem Körper allenthalben Stückchen des noch nicht ausgestalteten Protoplasmas enthalten sind, so umschließt jedes individuelle und nationale Wesen sozusagen seelische Stoffmengen, die noch nicht Kultur geworden sind, und die Wesen unterscheiden sich nach dem Umfang dieses Materials und seiner Fähigkeit, sich in kulturelle Formen auszuwachsen. Von den Franzosen wie von den Engländern habe ich den Eindruck, daß diese dunkeln, gebundenen Energien, diese ungekannten Formmöglichkeiten bei ihnen zu einem Minimum geworden sind, daß sozusagen aus ihnen schon geworden ist, was überhaupt werden konnte. Deshalb hat man von den Roheiten und Unmenschlichkeiten, die sie in diesem Kriege offenbart haben, einen so krassen Eindruck, als lägen sie, etwas Definitives und Hoffnungsloses, neben den Kultiviertheiten dieser nationalen Existenzen, als hätte nahezu aller Lebensstoff in ihnen, der kulturelle Möglichkeit war, sich auch schon in kulturelle Wirklichkeit umgesetzt, und den Rest könne diese Entwicklung nicht ergreifen. Wenn man uns als den Parvenü unter den Völkern zu deklassieren meint, so versteckt sich unter diesem Spott über das Tempo unseres Werdens sicher ein unheimliches Angstgefühl über das, was wir noch werden können — weshalb denn auch die eigentliche Absicht unserer Feinde von Beginn an nicht, wie in anderen modernen Kriegen, auf einzelne Kriegsziele, sondern auf die Vernichtung unserer Zukunft ging. Und daß die Sympathien der sogenannten Neutralen mehr den Völkern gelten, die durchschaubarer sind und deren Möglichkeiten sich in abgeschlossener Entwickeltheit aufweisen, als einem Volk, in dem so viel Dunkles, noch Latentes, nicht Vorherzusehendes ruht — das ist nicht unbegreiflich. Wenn wir von Anfang des Krieges an das Gefühl hatten, daß uns eigentlich niemand versteht, so liegt das vielleicht nicht nur an unserer augenblicklichen Lage, in der die Verteidigung unserer äußeren Existenz und die unserer innerlichsten Ideale zu einer von außen ersichtlich nicht nachfühlbaren Einheit geworden sind; sondern weil ein Wesen das Maß und die Gerichtetheit seiner noch unentfalteten Kräfte wohl selbst irgendwie fühlen mag, diese aber dem Draußenstehenden nur die Empfindung eines unverständlichen, unberechenbaren Verstecktseins geben können. Ich glaube nicht, daß in dieser Rangierung der Nationen nach Gebundenheit oder Ausgewirktheit ihrer Energien eine Verblendung und ein Chauvinismus steckt — dessen deutsche Form gerade immer noch eine Unsicherheit des Selbstgefühles verrät. Denn an und für sich läßt sie ja ganz dahingestellt, welche Daseinsform man für die höhere halten mag, und in welcher die größere oder die geringere Wertsumme investiert ist. Nur das scheint mir unbezweifelbar, daß zwischen dem relativen Überwiegen der noch nicht ausgestalteten Lebensmaterie und der Sehnsucht nach dem eigenen Gegensatz, nach dem, was das eigenaugenblickliche Sein und Haben eigentlich verneint, eine tiefe Beziehung besteht. Denn so hemmend und vielfach aufreibend diese deutsche Idealbildung wirken mag, über so viele Umwege und, mit Goethe zu reden, „falsche Tendenzen" sie führen mag — schließlich gibt sie doch die größte Chance, daß im Lauf der Zeit alles aus den Menschen herauskomme, was überhaupt an Möglichkeiten in ihnen liegt. Da der Deutsche sich immer mit so vielem Antagonistischen auseinandersetzen muß, und zwar darum auseinandersetzen muß, weil er es doch irgendwie sich zugehörig, das Andere und Fremde irgendwie als Ergänzendes fühlt — so braucht er für die definitiven Schritte seiner Entwicklung mehr Zeit als andere. Was uns in den Jahren vor dem Krieg so vielfach besorgt machte, war das übereilige Tempo, mit dem die deutsche Entwicklung vorwärtszustürmen schien — bis wir uns klar wurden, daß dieser im wesentlichen technische (und nicht nur auf wirtschaftlichem Gebiet technische) Fortschritt jene in der Tiefe ruhenden Wesensstoffe wenig anging, diese vielmehr ihre schwerflüssige, von unzähligen Gegeninstanzen verführte und sich wieder zurückfindende Entwicklung in ungestört seltenen Stufenschritten fortsetzte. Es ist die eigentümliche Dialektik im deutschen

Wesen, daß ebenderselbe Zug, der die gründlichste, jede Möglichkeit erschöpfende Entfaltung seines Lebensmaterials zu verbürgen scheint, dieser Entfaltung von jeher schwerste Hemmnisse und Verlangsamungen bereitet[1].

Das deutsche Wesen wird durch diesen Grundzug zum Symbol eines weithin reichenden Zuges des menschlichen Weltbildes. Dessen Bestimmungen ordnen sich zu Gegensatzpaaren: das Gute und das Böse, das Männliche und das Weibliche, das Leben und der Tod und unzähliges andere, so daß der eine Begriff immer Schranke und Form am anderen findet. Nun aber wird die Relativität beider oft noch einmal von einem absoluten Sinn umfaßt, den je einer von ihnen erwirbt. Gewiß schließt Gutes und Böses in beider relativem Sinne sich gegenseitig aus; vielleicht aber ist das Dasein in einem absoluten göttlichen Sinne schlechthin gut, und dieses Gute birgt in sich das relativ Gute und das relativ Böse. Gewiß kämpft der geistige Fortschritt gegen den geistigen Stillstand; vielleicht aber ist auf dem absoluten Weltwege des Geistes das, was wir relativ Stillstand nennen, auch nur ein besonderer Modus des Fortschreitens. Gewiß begrenzen sich Leben und Tod gegeneinander mit harter Ausschließlichkeit; und doch gibt es einen letzten und absoluten Sinn des Lebens, in dem es auch den Tod in sich einbezieht und dessen relativen Sinn zusammen mit dem relativen Sinn des Lebens selbst einbegreift und unterbaut. So also steht neben dem deutschen Wesen allenthalben sein Gegensatz, sein Ausschließendes und Fremdes;

---

[1] An welchem Punkt der letzten Lebenstiefe der Gegensatz des germanischen und des romanischen Geistes wurzelt und wie er von da aus gerade im Gebiete der reinsten Anschaulichkeit, der bildenden Kunst, in die Erscheinung tritt, habe ich in meinem Buch: Rembrandt — darzulegen unternommen.

aber dieſer Sinn ſeiner iſt nur ein relativer und daneben ſteht ſein weiteſter und unbedingter, in dem es auch dieſes andere, ja feindliche mitumfaßt, in dem auch das Entgegengeſetzte hinzugehört, als Verſtandenes und Erarbeitetes, als ſeine begriffene, umgriffene Ergänzung und Erwünſchtheit.

Dieſes Grundverhalten entläßt aus ſich zwei eigentümliche, ſich ſcheinbar gegenſeitig verneinende Züge des deutſchen Weſens. Unzählige Tangenten, nach allen Himmelsrichtungen des geſchichtlichen und des zeitloſen Geiſtes führend, ſind an den innerſten Kreis dieſes Weſens gelegt, unzählige Möglichkeiten individueller Charakteriſierung dieſes Kreiſes ſind damit, mit dieſer Sehnſucht des Deutſchen nach dem, was ihn vervollſtändige und was ſein Anderes iſt, gegeben. Dies ſcheint mir einerſeits die letzte Formel für den deutſchen „Individualismus" zu ſein. So zweifellos deutſch der Einzelne ſein und ſich fühlen möge, ſo gehört doch gerade jene Sehnſucht zu ihm, die erſichtlich ein unbegrenzt mannigfaltiges Material zur Verfügung hat und deshalb eine unbegrenzte Möglichkeit jedes Einzelnen, ſich von den anderen zu unterſcheiden. Es iſt darum ganz richtig, wenn man den Individualismus, der ebenſo unſeren Stolz und unſeren Reichtum wie unſere Gefahr der Zerſplitterung, der Parteiung, des Sich-nicht-Verſtehens bildet, als etwas vom deutſchen Weſen ganz Untrennbares bezeichnet hat. Jeder Deutſche, hat Bismarck einmal geſagt, würde am liebſten einen König für ſich allein haben. In Wirklichkeit hat jeder ſeinen heimlichen König für ſich, wenn man unter König einmal jene beherrſchende Vorſtellung verſtehen darf, die aus dem deutſchen Ideal im engeren Sinne und einer ſeiner unüberſehlichen Jenſeitigkeiten und Gegenſätze zuſammenwächſt und in dieſer Syntheſe erſt das deutſche Ideal im weiteſten Sinne bedeutet.

Freilich enthält dies außer jenen inneren Gefahren auch noch die äußere, daß das zweite Element das erste überwuchert und entwurzelt, daß das Bewußtsein, wo schließlich unsere letzte Kraftquelle fließt, verschwindet. Dieser Gefahr ist Nietzsche unterlegen, wenn das Ideal der „leichten Füße" und der vollendeten Form ihn in eine Wertung des romanischen Wesens hineingetrieben hat, die ihn vergessen ließ, daß ihm dies nur als Korrelat seines so spezifisch deutschen Wesens zum Ideal geworden war. Auf der anderen Seite ist damit — die verbindenden Motive liegen auf der Hand — das „Weltbürgertum" gegeben, das die Geschichte des deutschen Geistes offenbart — auch dieses für ihn ebenso einen Ruhmestitel wie unzählige, teils leichtsinnige, teils schuldvolle Abirrungen und Abzüge vom deutschen Eigenbesitz bedeutend: bei den einen eine seelische Weitspannung, die die Welt in sich einbezieht und der nichts Menschliches fremd ist, bei den anderen, die die „Welt" im Sinne des Globetrotters verstehen, eine verblasene Ausländerei, eine blinde Überschätzung alles dessen, was bloß „anders" ist, die den Wurzelboden der echten Schätzung des „Anderen", die Schätzung des Eigenen, unter den Füßen verloren hat. Die ganze Sozialgeschichte zeigt, daß Individualismus und Weltbürgertum allenthalben und aus den mannigfachsten Gründen zusammengehören. Ihre furchtbaren Gefahren, vor denen wir uns auch nach diesem Kriege nicht sicher glauben dürfen, werden erst dann vermeidbar, ihre tiefen Werte erst dann rein realisierbar werden, wenn wir nicht vergessen, daß es das Eigne des deutschen Geistes und in dieser Form nur des deutschen Geistes ist, das sie zusammenbindet; erst wenn wir sicher sind — das braucht nicht im abstrakten Bewußtsein zu geschehen —, daß es dessen innerstes Fatum und reichste Weite ist, sich selbst und seine Gegenteile als sein höheres Selbst zu umfassen, werden wir ganz von selbst vor all den Wurzellosigkeiten und Wertverrückungen gesichert sein, mit denen jene beiden Tendenzen bisher die Entwicklung unseres Wesens so oft aus der Bahn unserer eigensten Kraft, unseres eigensten Selbst geworfen haben.

Die Krisis der Kultur.
Rede, gehalten in Wien, Januar 1916.

Die Krisis der Kultur.

Wer über Kultur spricht, muß für seine Zwecke die Vieldeutigkeit ihres Begriffes begrenzen. Ich verstehe sie als diejenige Vollendung der Seele, die sie nicht unmittelbar von sich selbst her erreicht, wie es in ihrer religiösen Vertiefung, sittlichen Reinheit, primärem Schöpfertum geschieht, sondern indem sie den Umweg über die Gebilde der geistig-geschichtlichen Gattungsarbeit nimmt: durch Wissenschaft und Lebensformen, Kunst und Staat, Beruf und Weltkenntnis geht der Kulturweg des subjektiven Geistes, auf dem er zu sich selbst, als einem nun höheren und vollendeteren zurückkehrt. An die Form von Zweck und Mittel ist deshalb jedes Verhalten, das uns kultivieren soll, gebunden. Aber dieses Verhalten ist in unzählige Teilrichtungen zerspalten. Das Leben setzt sich aus Aktionen und Produktionen zusammen, für die eine Richtungsgemeinsamkeit nur zum kleinen Teil besteht oder erkennbar ist. Die damit angelegten Zerrissenheiten und Fragwürdigkeiten erreichen aber ihre Höhe erst durch den Umstand, daß die Reihe der Mittel für unsere Endzwecke, die „Technik" im weitesten Sinne, unablässig verlängert und verdichtet wird. Diese schließliche Unabsehlichkeit der Zweck- und Mittelreihen erzeugt die unendlich wirkungsvolle Erscheinung, daß irgendwelche Mittelglieder in ihnen für unser Bewußtsein zu Endzwecken werden: Unzähliges erscheint uns, während wir es erstreben, und vieles sogar noch, wenn wir es erreicht haben, als ein befriedigendes Definitivum unseres Willens, was sachlich ein bloßer Durchgangspunkt und Mittel für unsere wirklichen Zwecke ist. Wir bedürfen dieser Akzentuierung innerhalb unserer Bestrebungen, weil uns bei ihrer Ausgedehntheit und Verwickeltheit Mut und Atem ausgehen würde, hätten wir nur das, Gott weiß wie weit entfernte, wirkliche Endziel als Antrieb vor uns. Das ungeheure, intensive und extensive Wachstum unserer Technik, — die durchaus nicht nur die Technik materieller Gebiete ist —, verstrickt uns in ein Netzwerk von Mitteln und Mitteln der Mittel, das uns durch immer mehr Zwischeninstanzen von unseren eigentlichen und endgültigen Zielen abdrängt. Hier liegt die ungeheure innere Gefahr aller hochentwickelten Kulturen, das heißt der Epochen, in denen das ganze Lebensgebiet von einem Maximum übereinandergebauter Mittel bedeckt ist. Das Aufwachsen gewisser Mittel zu Endzwecken mag dieser Lage eine psychologische Erträglichkeit verschaffen, macht sie aber in Wirklichkeit immer sinnloser.

Auf der gleichen Grundlage entwickelt sich ein zweiter Selbstwiderspruch der Kultur. Die objektiven Gebilde, in denen sich ein schöpferisches Leben niedergeschlagen hat und die dann wieder von Seelen aufgenommen werden, um diese zu kultivierten zu machen, gewinnen alsbald eine selbständige, jeweils durch ihre sachlichen Bedingungen bestimmte Entwicklung. In den Inhalt und das Entwicklungstempo von Industrien und Wissenschaften, Künsten und Organisationen werden nun die Subjekte hineingerissen, gleichgültig oder in Widerspruch gegen die Forderung, die diese um ihrer eigenen Vollendung, d. h. Kultivierung willen stellen müßten. Die Objekte, vom Kulturleben getragen und es tragend, folgen, gerade je verfeinerter und in ihrer Art vollkommener sie sind, einer immanenten Logik, die sich keineswegs immer jener in sich selbst zurückkehrenden Entwicklung der Subjekte so einfügt, wie es doch der Sinn aller Kulturgebilde als solcher ist. Unzählige Objektivationen des Geistes stehen uns gegenüber, Kunstwerke und Sozialformen, Institutionen und Erkenntnisse, wie nach eigenen Gesetzen verwaltete Reiche, die Inhalt und Norm unseres individuellen Daseins zu werden beanspruchen, das doch mit ihnen nichts Rechtes anzufangen weiß, ja, sie oft genug als Belastungen und Gegenkräfte empfindet. Aber nicht nur diese qualitative Fremdheit steht zwischen dem Objektiven und dem Subjektiven höherer Kulturen; sondern wesentlich auch die quantitative Unbeschränktheit, mit der sich Buch an Buch, Erfindung an Erfindung, Kunstwerk an Kunstwerk reiht — eine sozusagen formlose Unendlichkeit, die mit dem Anspruch, aufgenommen zu werden, an den Einzelnen herantritt. Dieser aber, in seiner Form bestimmt, in seiner Aufnahmefähigkeit begrenzt, kann dem nur in ersichtlich immer unvollständiger werdendem Maße genügen. So entsteht die typisch problematische Lage des modernen Menschen: das Gefühl, von dieser Unzahl von Kulturelementen wie erdrückt zu sein, weil er sie weder innerlich assimilieren, noch sie, die potentiell zu seiner Kultursphäre gehören, einfach ablehnen kann. Der Erfolg davon, daß das, was man die Kultur der Dinge nennen könnte, seinem Eigengang überlassen, eine unbegrenzte Entwicklungsweite vor sich hat — ist der, daß sich Interesse und Hoffnung in steigendem Maße eben dieser Kultur zuwenden, und die scheinbar viel engere, viel endlichere Aufgabe der Kultivierung der individuellen Subjekte dahinter zurückdrängen.

Dies also sind die beiden tiefsten Gefahren reifer und überreifer Kulturen: daß einerseits die Mittel des Lebens seine Ziele überwuchern und damit unvermeidlich sound so viele bloße Mittel in die psychologische Würde von Endzwecken aufrücken; und daß andererseits die objektiven Kulturgebilde ein selbständiges, rein sachlichen Normen gehorsames Wachstum erfahren und dadurch nicht nur eine tiefe Fremdheit gegen die subjektive Kultur erwerben, sondern ein von dieser gar nicht einzuholendes Tempo des Vorschreitens.

Auf diese beiden Grundmotive und ihre Verzweigtheiten gehen, soweit ich sehe, alle Erscheinungen zurück, die uns schon seit einer Weile das Gefühl einer nahenden Krisis unserer Kultur gaben. Die ganze Hast, äußere Begehrlichkeit und Genußsucht der Zeit sind nur Folge und Reaktionserscheinung, weil die personalen Werte in einer Ebene gesucht werden, in der sie überhaupt nicht liegen: daß technische Fortschritte ohne weiteres als Kulturfortschritte geschätzt werden, daß auf geistigen Gebieten die Methoden vielfach als etwas Heiliges und wichtiger als die inhaltlichen Resultate gelten, daß der Wille zum Gelde den zu den Dingen, deren Erwerbsmittel es ist, weit hinter sich läßt: dies alles beweist das allmähliche Verdrängtwerden der Zwecke und Ziele durch die Mittel und Wege. Wenn dies nun die Symptome einer erkrankten Kultur sind, bezeichnet der Krieg den Ausbruch der Krisis, an den die Genesung sich ansetzen kann?

Daß die erste Erscheinungsgruppe in dieser Pathologie der Kultur: das Zurückbleiben der Vervollkommnung der Personen hinter der der Dinge, — eine Aussicht auf Heilung gibt, wage ich nicht vorbehaltlos zu behaupten. Hier liegt wahrscheinlich ein Selbstwiderspruch der Kultur vor, der von deren Wesen unabtrennbar ist; denn da sie nun einmal bedeutet, daß die Ausbildung der Subjekte ihren Weg über die Ausbildung der Objektwelt nimmt, da diese letztere einer unbegrenzten Verfeinerung, Beschleunigung und Ausdehnung fähig ist, während die Kapazität der einzelnen Subjekte unvermeidlich einseitig und beschränkt ist, so sehe ich nicht, wie dem Entstehen einer Zusammenhanglosigkeit, eines gleichzeitigen Ungenügens und Überfülltseins prinzipiell vorzubeugen wäre. Immerhin scheint der Krieg von zwei Seiten her für die Verschmälerung jenes Risses zu wirken. Hinter dem Soldaten versinkt der ganze Apparat der Kultur, nicht nur weil er ihn tatsächlich entbehren muß, sondern weil Sinn und Forderung der Existenz im Kriege auf einer Leistung steht, deren Wertbewußtsein nicht erst den Umweg über Objekte nimmt. Ganz unmittelbar bewähren sich Kraft und Mut, Gewandtheit und Ausdauer als die Werte seiner Existenz, und ersichtlich hat die „Kriegsmaschine" ein ganz anderes, unendlich viel lebendigeres Verhältnis zu dem, der sie bedient, als die Maschine in der Fabrik. Jenes Abdrängen des personalen Lebens von dem objektiven Tun besteht ganz allein hier nicht, so sehr in der ungeheuren Ausdehnung des Geschehens und der Unmerklichkeit der Einzelleistung die sonst entscheidenden Bedingungen solchen Abdrängens vorhanden sind. Gewiß hat diese Kriegslage keinen sachlichen Bezug zu der allgemeinen kulturellen Spannung zwischen der Subjektivität des Lebens und seinen Sachgehalten. Allein zugegeben, daß diese Spannung prinzipiell unüberwindbar ist, so werden doch vielleicht die Menschen, die ihre Überwindung im Felde erlebt haben, die Bedeutung auch ihrer sonstigen anonymen Teilleistungen deutlicher und sozusagen persönlicher fühlen, werden entschiedener nach dem Zusammenhang zwischen ihrem Arbeiten für die Mittel des Lebens und den Endwerten des personalen Lebens suchen; und findend oder nicht, ist schon dies Suchen ein unermeßlicher Wert. Wenn sich an diesen Krieg die allgemeine Hoffnung knüpft, daß er den Einzelnen überhaupt dem Ganzen enger verbinden, den Dualismus zwischen dem Individuum als Selbstzweck und dem Individuum als Glied des Ganzen irgendwie mildern werde, so ist das hier angerührte Problem doch eine Szene dieses Dualismus. Indem aber der Soldat — und in gewissem Maße doch auch der zu Hause Gebliebene — erfährt, wie die verschwindende Größe seines Einzeltuns seinen stärksten Willen und seine äußerste Kraft in sich aufnehmen kann, wird sich ihm mindestens die Form jener Versöhnung, ein irgendwie sinnvolles Verhältnis zwischen dem Teil und dem Ganzen, zwischen Sache und Person, eingeprägt haben; mag dies auch nicht mehr sein als ein Atemholen vor neuen Kämpfen und Zerreißungen.

Die Lage unserer Zeit gestattet hierfür noch eine besondere Wendung und Weiterführung. Der Prozeß zwischen dem immer weiterflutenden, mit immer weitergreifender Energie sich ausdehnenden Leben und den Formen seiner historischen Äußerung, die in starrer Gleichheit beharren oder wenigstens beharren wollen, wie er die ganze Kulturgeschichte erfüllt, scheint mir an einer großen Anzahl besonderer Kulturformen jetzt aufs deutlichste aufzeigbar. Als gegen Ende des vorigen Jahrhunderts der künstlerische Naturalismus sich ausbreitete, war dies ein Zeichen, daß die von der Klassik her herrschenden Kunstformen das zur Äußerung drängende Leben nicht mehr in sich aufnehmen konnten. Es kam die Hoffnung auf, in dem unmittelbaren, möglichst durch keine menschliche Intention hindurchgegangenen Bilde der gegebenen Wirklichkeiten dieses Leben unterbringen zu können. Allein der Naturalismus hat den entscheidenden Bedürfnissen gegenüber ebenso versagt, wie es doch wohl auch der jetzige Expressionismus tut, der das unmittelbare Gegenstandsbild durch den seelischen Vorgang und seine ebenso unmittelbare Äußerung ersetzt. Indem sich die innere Bewegtheit in eine äußere Schöpfung fortsetzt, sozusagen ohne Rücksicht auf deren eigene Form und auf objektive, für sie gültige Normen, glaubte man dem Leben endlich die ihm ganz angemessene, durch keine ihm äußere Form gefälschte Aussprache zu gewinnen. Allein es scheint nun einmal das Wesen des inneren Lebens zu sein, daß es seinen Ausdruck immer nur in Formen findet, die eine Gesetzlichkeit, einen Sinn, eine Festigkeit in sich selbst haben, in einer gewissen Abgelöstheit und Selbständigkeit gegenüber der seelischen Dynamik, die sie schuf. Das schöpfe-

rische Leben erzeugt dauernd etwas, was nicht selbst
wieder Leben ist, etwas, woran es sich irgendwie totläuft,
etwas, was ihm einen eigenen Rechtsanspruch entgegen-
setzt. Es kann sich nicht aussprechen, es sei denn in
Formen, die etwas für sich, unabhängig von ihm, sind
und bedeuten. Dieser Widerspruch ist die eigentliche und
durchgehende Tragödie der Kultur. Was dem Genius
und den begnadeten Epochen gelingt, ist, daß der Schöpfung durch das von innen quellende Leben eine glücklich
harmonische Form wird, die mindestens eine Zeitlang das
Leben in sich bewahrt und zu keiner, ihm gleichsam feind-
seligen Selbständigkeit erstarrt. In den allermeisten Fällen
indes ist solcher Widerspruch unvermeidlich, und wo die
Äußerung des Lebens, um ihn doch zu vermeiden, sich sozusagen in formfreier Nacktheit bieten will, kommt überhaupt nichts eigentlich Verständliches heraus, sondern ein
unartikuliertes Sprechen, aber kein Aussprechen, an Stelle
des freilich Widerspruchsvollen und fremd Verhärteten
einer Einheitsform schließlich doch nur ein Chaos atomi-
sierter Formstücke. Zu dieser extremen Konsequenz unserer
künstlerischen Lage ist der Futurismus vorgedrungen:
leidenschaftliches Sichaussprechenwollen eines Lebens, das
in den überlieferten Formen nicht mehr unterkommt, neue
noch nicht gefunden hat, und deshalb in der Verneinung
der Form — oder in einer fast tendenziös abstrusen —
seine reine Möglichkeit finden will — ein Widerspruch
gegen das Wesen des Schöpfertums, begangen, um dem
anderen in ihm gelegenen Widerspruch zu entgehen.
Nirgends vielleicht zeigt sich stärker als in manchen Erscheinungen des Futurismus, daß dem Leben wieder einmal die Formen, die es sich zu Wohnstätten gebaut hatte,
zum Gefängnis geworden sind.

Wie es in dieser Hinsicht mit der Religion steht, ist vielleicht nicht zu bestimmen, weil das Entscheidende sich hier

nicht an sichtbaren Erscheinungen, sondern in der Innerlichkeit des Gemütes vollzieht. Für die spezifische Frage des Christentums gilt freilich, was diese Blätter als ein geistiges Grundergebnis des Krieges behaupteten: daß er die Scheidungen, die in der Struktur unserer Verhältnisse angelegt, aber innerhalb des Friedens nicht vollzogen waren, zu innerer und äußerer Wirklichkeit bringt. Wir kennen alle den großen Gegensatz, der die Religiosität der Zeit spaltet und nur die schlechthin irreligiösen Gemüter und die Anpassungschristen nicht berührt: zwischen dem Christentum und einer Religion, die jeglichen historisch gegebenen Inhalt ablehnt, sei es als ein Monotheismus, der sich in keinerlei Dogmen fortsetzt, sei es als Pantheismus, sei es als eine rein innere, von jedem Glaubensinhalt absehende Bestimmtheit des Gemütes. Die Zeit, in ihrer allgemeinen religiösen Toleranz, drängte nicht zur Entscheidung und ließ es, wenn ich mich nicht täusche, häufig dazu kommen, daß unter dem oberen Bewußtsein, das sich der einen Richtung hingegeben glaubte, in der Tiefe doch die andere ihr altes oder ihr neues Leben als das eigentlich kräftige und bestimmende führte. Unverkennbar nun haben die religiösen Innenmächte durch den Krieg Belebung und Steigerung erfahren, bis zu einem Grade, der einem jeden einen Entschluß darüber abfordert, auf welchem absoluten Grunde er denn nun eigentlich steht. Die friedlichen Zeiten der allmählichen Übergänge, der Mischungen, des angenehmen Halbdunkels, in dem man sich auch den einander ausschließenden Gegensätzen abwechselnd hingeben kann, dürften vorbei sein. Die Entschlossenheit, mit der das deutsche Volk in diesen Jahren seinen Weg geht, wird hoffentlich auch in dieses Gebiet innerster Entscheidungen weiterstrahlen. Nirgends aber trifft sie auf einen so „faulen Frieden", wie im religiösen Gebiet, wo einerseits wirkliche Christen, aus

einem gewissen Bildungstic heraus, eine undogmatisch
pantheistische Haltung annehmen, andererseits entschieden
Ungläubige sich durch „symbolische" Umbildung der christ-
lichen Grundlehren noch eine Art Christentum selbst einreden. Allein jeder reifere Mensch dürfte die Entscheidung schon lange vollzogen haben — nur daß er in der
eigentümlichen kulturellen Weitherzigkeit, die unsere Lage
zu erlauben oder zu fordern schien, diese Entscheidung oft
noch mit der entgegengesetzten mischte oder verhüllte.
Dies aber gestattet eine Zeit nicht mehr, in der sich alles
aufwühlt, was an religiöser Tiefe in den Menschen ist.
Gleichviel welche Maße des einen und des anderen überhaupt äußerlich faßbar sein werden: in den Menschen
wird das zur Herrschaft reif Gewordene seine Herrschaft
auch antreten. Für unsere jetzige Blickrichtung aber ist
das Wesentliche, daß es überhaupt weite Kreise gibt,
deren religiöse Bedürfnisse sich vom Christentum ab-
wenden. Daß sie sich allerhand exotischen Hergeholtheiten
oder wunderlichen Neubildungen zuwenden, scheint keinerlei Bedeutung zu haben. Nirgends kann ich hier ein wirklich lebenskräftiges Gebilde entdecken, eines, das sich, außer
in ganz individuellen Kombinationen, dem religiösen Leben
als genauer Ausdruck anschmiegte. Dagegen entspricht
es der allgemeinen Kulturlage, daß man vielfach auch
hier gerade jede Formung dieses Lebens ablehnt, und daß
die überkonfessionelle Mystik die in jenen Kreisen entschieden überwiegende Anziehung übt. Denn in ihr will
die religiöse Seele ihr Leben ganz unmittelbar ausleben,
sei es, daß sie ohne Vermittlung eines irgendwie ge-
formten Dogmas, sozusagen nackt und allein, vor ihrem
Gotte steht, sei es, daß sogar die Gottesvorstellung noch
als Starrheit und Hemmung empfunden wird und die
Seele nur ihr eigenstes, metaphysisches, in keinerlei
Glaubensform mehr gegossenes Leben als eigentlich religiös

empfindet. Analog jenen angedeuteten futuristischen Erscheinungen bezeichnet diese gänzlich gestaltlose Mystik den historischen Augenblick, in dem ein inneres Leben in die Formen seiner bisherigen Ausgestaltung nicht mehr eingehen kann und, weil es nicht imstande ist, andere, nun angemessene zu schaffen, ohne Formen überhaupt existieren zu sollen meint.

Innerhalb der philosophischen Entwicklung erscheint mir diese Krisis weitergreifend, als in der Regel zugestanden wird. Die Grundbegriffe und methodischen Funktionen, die, seit dem klassischen Griechentum ausgebildet, auf den Weltstoff angewendet werden, um aus ihm philosophische Weltbilder zu formen, haben, wie ich glaube, alles geleistet, was sie in dieser Hinsicht hergeben können. Der philosophische Trieb, dessen Ausdruck sie waren, ist an ihnen selbst zu Richtungen, Bewegtheiten, Bedürfnissen entwickelt, denen sie nicht mehr angemessen sind; wenn die Zeichen nicht trügen, beginnt der ganze philosophische Apparat zu einem Gehäuse zu werden, das vom Leben entleert ist.

Dies scheint mir an einem Erscheinungstypus besonders sichtbar zu werden. Jede der großen philosophiegeschichtlichen Kategorien hat zwar die Aufgabe, die Zerspaltenheit und chaotische Fülle des Daseins in eine absolute Einheit zusammenzuführen; zugleich aber besteht oder entsteht neben jeder einzelnen eine andere, mit jener im gegenseitigen Ausschluß stehende. So treten diese Grundbegriffe paarweise auf, als je eine zur Entscheidung auffordernde Alternative, derart, daß eine Erscheinung, die sich dem einen Begriff versagt, notwendig unter den anderen fallen muß, ein Ja und Nein, das kein Drittes übrig läßt. Solches sind die Entgegengesetztheiten von Endlichkeit und Unendlichkeit der Welt, Mechanismus und Teleologie des Organismus, Freiheit und Determiniertheit des

Willens, Erscheinung und Ding-an-sich, Absolutes und Relatives, Wahrheit und Irrtum, Einheit und Mehrfachheit, Wertfortschritt und Wertbeharrung in der menschheitlichen Entwicklung. Es scheint mir nun, daß ein großer Teil dieser Alternativen nicht mehr der unbedingten Entscheidung Raum gibt, die jeden gerade fraglichen Begriffsinhalt notwendig in die eine oder in die andere einstellt. Wir fühlen an dieser Begriffslogik eine so unangemessene Enge, andererseits gehen ihre Auflösungen so selten von einem schon entdeckten Dritten aus, sondern sie bestehen weiter als Forderung und unausgefüllte Lücke — daß sich hiermit doch wohl eine tiefgreifende philosophische Krisis verkündet, die die Spezialprobleme in eine allgemeine, wenn auch zunächst nur negativ zu bezeichnende Tendenz sammelt. Nirgends schärfer als durch das Versagen der bisher logisch geltenden Begriffsalternativen und durch die Forderung eines noch unformulierbaren Dritten wird klar, daß unsere Mittel, die Lebensinhalte durch geistigen Ausdruck zu bewältigen, nicht mehr ausreichen, daß das, was wir ausdrücken wollen, nicht mehr in sie hineingeht, sondern sie sprengt und nach neuen Formen sucht, die für jetzt nur als Ahnung oder ungedeutete Tatsächlichkeit, als Verlangen oder ungefüge Tastversuche ihre heimliche Gegenwart ankündigen.

Vielleicht würde der Krieg mit all seinen Zerstörungen, Wirrnissen und Gefahren dennoch nicht das erlebte Maß von Erschüttertheit bewirkt haben, wenn er nicht auf schon so angenagte, ihres Bestandes ungewiß gewordene Kulturformen getroffen hätte. Seine Leistung ist auch hier, dem innerlich Notwendigen durch das äußerlich Wirkliche mehr Raum und mehr Sichtbarkeit zu schaffen und den Einzelnen vor die scharfe Entscheidung zu stellen: ob er das geistige Leben um jeden Preis in seinen bisherigen Gleisen halten will oder ob er es wagt, auf jede Gefahr hin auf dem neuen Lebensboden neue Wege zu suchen, oder endlich das vielleicht noch Gefährlichere unternimmt, die Werte des früheren Lebens aus dem Zusammenbruch ihrer Formen in das neue hinüberzuretten. Und vielleicht zeigt sich doch schon wenigstens hier die Frage nach einer allgemeinsten Deutung des Daseins, wenn auch mit schwachen Kräften und noch nicht fest umschrieben, ein erhellender Grundbegriff, den ich nachher anzudeuten versuchen will und durch den sich gerade eine Kontinuität zwischen den Werten von gestern und denen von morgen hindurchleiten könnte. —

Mit greifbarerer Bedeutung scheinen die jetzigen Erlebnisse in die andere Entwicklung der Kultur, das Auswachsen der bloßen Mittel zu Selbstzwecken einzugreifen. Die Korrektur der teleologischen Reihe hat sich vor allem auf einem Gebiet vollzogen, das für die Überdeckung der Zwecke durch das Mittel das umfassendste weltgeschichtliche Beispiel bietet, auf dem wirtschaftlichen. Dies Beispiel ist, es braucht kaum ausgesprochen zu werden: das Geld — ein Mittel für Tausch und Wertausgleich, jenseits dieser Mittlerdienste ein radikales Nichts, jedes Wertes und Sinnes bar. Und gerade das Geld ist für die Mehrzahl der Kulturmenschen das Ziel aller Ziele geworden, der Besitz, mit dem, so wenig die sachgemäße Vernunft es rechtfertigen mag, die Zweckbemühungen dieser Mehrzahl abzuschließen pflegen. Die Ausbildung der Wirtschaft macht freilich diese Wertverschiebung begreiflich. Denn da sie dafür gesorgt hat, daß alle Güter an jedem Ort und zu jeder Zeit zu beschaffen sind, so kommt es eben für die Befriedigung der meisten menschlichen Wünsche nur darauf an, daß man das erforderliche Geld besitze: Mangel bedeutet für das Bewußtsein des modernen Menschen nicht Mangel an Gegenständen, sondern nur

Mangel an Geld, sie zu kaufen. Hier hat nun die Absperrung Deutschlands vom Weltmarkt, der es sonst mit jeder beliebig großen, die Verbrauchsfrage zur bloßen Geldfrage machenden Warenmenge versorgte, eine höchst revolutionierende Änderung erzeugt. Die Nahrungssubstanz, sonst ohne weiteres zugängig, wenn man nur Geld hatte, ist knapp nnd fragwürdig geworden und tritt dadurch wieder in ihrem definitiven Wertcharakter hervor. Das Geld dagegen, wenigstens von seiner bisherigen grenzenlosen Leistungsfähigkeit abgeschnitten, zeigt sich als an sich ganz ohnmächtiges Mittel.

Mag diese Entwicklung auch keineswegs vollendet sein, — mindestens die Brotkarte symbolisiert eine Nutzlosigkeit des Reichtums auch des Reichsten. Wenn früher mit Sparen und Verschwenden, auch wo es bestimmte Gegenstände betraf, doch eigentlich immer nur deren Geldwert gemeint war, tritt dieser jetzt ganz zurück; endlich soll wieder mit Fleisch und Butter, mit Brot und Wolle um ihrer selbst willen gespart werden, eine Wendung, die, so einfach sie klingt, ein durch Jahrhunderte gezüchtetes wirtschaftliches Wertgefühl der Kulturwelt total umdreht. In die ungeheuerste Maskierung des wirklich Wertvollen durch das Mittel dafür, die die Kulturgeschichte kennt, ist an einer Stelle ein Loch gerissen worden. Unzweifelhaft freilich wird es wieder zuwachsen, die Produktivität der Weltwirtschaft und ihre Allgegenwart wird uns später wieder vergessen lassen, daß nicht das Geld den Wert hat, sondern die Dinge. Niemand wird sich einreden, daß die daraus wachsenden bedenklichen Erscheinungen: die Vorstellung von der Käuflichkeit aller Dinge, ihre Schätzung ausschließlich nach dem Geldwert, der Skeptizismus gegen alle die Werte, die sich nicht in Geld ausdrücken lassen, — daß alles dieses sich nicht wieder einstellen, daß die daran geknüpfte schleichende Kulturkrisis

nicht ihren Fortgang nehmen wird. Aber ebensowenig
ist zweifelhaft, daß unser Erlebnis: es kommt nicht auf
das Geld an, das Geld als solches nützt uns jetzt nichts,
— ein eigentümliches Aufschrecken und Sich-Besinnen in
vielen Seelen bewirken wird. Gewiß lassen sich solche
seelischen Stimmungen und Umstimmungen nicht dokumen-
tarisch festlegen. Allein so ungewiß die Folgen und so
äußerlich die Gegenstände sind, — daß überhaupt die Absolutheit des Geldwertes irgend einmal durchbrochen worden
ist, daß der Wert von wirtschaftlichen Dingen einmal als
durch Geld nicht ersetzbar empfunden wurde, das scheint
mir ein tiefer seelischer Gewinn zu sein; ein zarteres,
weniger blasiertes, ich möchte sagen ehrfürchtigeres Verhältnis zu den Dingen des täglichen Verbrauchs muß
durch die Seele gehen, die sie einmal in ihrer unmittelbaren Bedeutung sehen mußte und das Geld in seiner
Bedeutungslosigkeit, in die es ganz von selbst sinkt, sobald es keine Mittlerdienste mehr tun kann.

Aber noch einmal und nun im ganz absoluten Sinne
stellt der Krieg das Verhältnis von Zweck und Mittel
um. Die Selbsterhaltung pflegt das zentrale Interesse des Menschen zu sein. Arbeit und Liebe, Denken und
Wollen, religiöse Betätigung wie die Wendungen, die wir
uns bemühen, unseren Schicksalen zu geben: alles geht
im großen und ganzen darauf hinaus, das Ich in seinem
Bestande und seiner Entwicklung zu erhalten, die dauernd
von äußeren Gefahren und innerer Schwäche, von der
Problematik unseres Verhältnisses zur Welt und der Unsicherheit unserer Lebensbedingungen bedroht sind. Von
den seltenen Menschen abgesehen, die wirklich nur um
eines objektiven Zieles willen leben, ist die Erhaltung des
eigenen Selbst, — in das vielleicht noch das Selbst der
nächsten Menschen einbezogen ist —, der Zweck schlechthin
und alle Lebensinhalte seine näheren oder entfernteren

Mittel. Darüber hat nun der Krieg für Millionen von Menschen das Ziel des Sieges und der Erhaltung der Nation gesetzt, ein Ziel, für das auf einmal das eigene Leben ein bloßes Mittel wurde, und zwar sowohl seine Erhaltung wie seine Preisgabe. Das erstere erscheint noch bedeutungsvoller als das zweite. Daß der Soldat herausgehe, um sich zu opfern, ist ein ganz irreleitendes Pathos. Nicht der tote Soldat, sondern der lebende dient dem Vaterland. Daß dieser Dienst auch seine Opferung fordern kann, ist sozusagen ein Grenzfall, nur der deutlichste Beweis dafür, daß das Selbst seinen Endzweckcharakter verloren hat und sich, erhalten oder geopfert, zum Mittel eines höheren Zweckes erklärt hat.

Gewiß, die Selbsterhaltung wird ihren alten Platz an der Spitze der teleologischen Reihen wiedererhalten. Eines aber scheint mir dennoch unabweislich. Die Übersteigerung all der Mittelstufen und Vorläufigkeiten zu Endwerten, an der unsere Kultur krankt, wird nicht mehr ganz so leicht an einer Generation vor sich gehen, die es an sich selbst erfahren hat, daß selbst der sonst autonomste Endzweck, die Selbsterhaltung, zum bloßen Mittel werden konnte. Das Gefühl, das uns von Anfang des Krieges an beherrschte: daß er uns an unbestimmt vielen Punkten eine neue Wertrangierung hinterlassen wird, wird sich an diesem wenigstens bewahrheiten. Daß man an die unwesentlicheren Lebensinstanzen den Akzent letzter Bedeutsamkeiten hefte, gehört zu den seelischen Gefahren langer, behaglich ungestörter Friedenszeiten, die für das Unterschiedenste beliebigen Ausbreitungsraum haben und nicht durch starke Erschütterungen zur Entscheidung zwischen dem Wesentlichen und dem Unwesentlichen drängen. Wer aber das sonst Wichtigste, das Selbst und seine Erhaltung, einmal als bloßes Mittel zu einem Darüberstehenden erlebt hat, dürfte vor jenem Verschwenden der

Zweckwertung an das Unbedeutendere, Peripherische, für eine Weile gesichert sein.

Jene angedeuteten Gefahren laufen wie in einem gemeinsamen Symptom darin zusammen, daß alle angedeuteten Kulturgebiete sich in einer gegenseitigen Unabhängigkeit und Fremdheit entwickelt haben, bis sich freilich in den letzten Jahren wieder einheitlichere Gesamtströmungen zeigten. Hier liegt der Grund der vielbetonten Stillosigkeit unserer Zeit. Denn Stil ist immer eine allgemeine Formgebung, die einer Reihe inhaltlich verschiedener Einzelerzeugnisse einen gemeinsamen Charakter verschafft. Je mehr ein Volksgeist, — um der Kürze halber diesen problematischen Ausdruck zu brauchen — in seiner charakteristischen Einheit alle Äußerungen eines Zeitabschnittes färbt, als desto stilvoller erscheint uns dieser. Darum haben frühere Jahrhunderte, die noch nicht mit einer solchen Fülle heterogener, nach den verschiedensten Seiten hin verführender Überlieferungen und Möglichkeiten beladen waren, soviel mehr Stil als die Gegenwart, in der unzählige Male die einzelne Betätigung wie in Abgeschnürtheit von jeder anderen verläuft. Darin hat freilich in den letzten Jahren, vielleicht seit Nietzsche, eine leise Wendung eingesetzt. Und zwar scheint es der Begriff des Lebens zu sein, der die mannigfaltigsten Gebiete durchdringt und gleichsam ihren Pulsschlag einheitlicher zu rhythmisieren begonnen hat. Diesen Prozeß wird, glaube ich, der Krieg erheblich begünstigen. Denn unabhängig noch von jener Einheit des Endzieles, in die sich alle möglichen Kulturbewegungen augenblicklich einstellen, werden sie alle von einer leidenschaftlichen, wie aus einer einheitlichen Kraftquelle hervorbrechenden Lebendigkeit durchflutet.

Unzählige Gebilde, die zu erstarren und sich der schöpferischen Bewegtheit zu entziehen angefangen haben, sind wieder in den Lebensstrom hineingezogen. Wenn wir jüngst schon ahnten, daß alle auseinanderliegenden Kulturtatsachen Ausströmungen oder Mittel, Pulsschläge oder Ergebnisse des Lebensprozesses als solchen sind, so scheinen alle Inhalte unseres Bewußtseins jetzt noch fühlbarer in die gesteigerte Gewalt jener Strömung zurückgeschmolzen zu sein. Es scheint sicher, daß der Soldat, mindestens solange er in lebhafterer Aktion ist, eben dieses Tun als ungeheure Steigerung sozusagen des Quantums von Leben, in unmittelbarerer Nähe zu seiner flutenden Dynamik empfinde, als er es an seinen sonstigen Arbeitswirksamkeiten spüren kann. Die höchste Zusammenraffung der Energie, die das Leben einer ganzen Nation durch sich hindurchfließen fühlt, läßt kein Sich-Verfestigen und -Verselbständigen ihrer Inhalte zu, durch das die Friedenskultur Inhalt neben Inhalt, abgelöst und fremd gegeneinander und nur dem Sachgesetz des einzelnen folgend, hinsetzt. Es ist ein geheimnisvolles Zusammentreffen, daß die ungeheuern Ereignisse der Zeit gewissermaßen zurechtkamen, um eben jene eingeschlagene Richtung des Geistes zu bestätigen, die die Einheit der auseinanderstrebenden Inhalte in der Tiefe des Lebensvorganges selbst suchte. Natürlich hat das Erleben dieser Ereignisse keine unmittelbar ersichtliche Wirkung auf jene Zerspaltungen und inneren Fremdheiten innerhalb unserer sittlichen und intellektuellen, religiösen und künstlerischen Kulturgebiete; und ebenso natürlich wird diese Wirkung, selbst wenn sie stattfindet, sich in jener tragischen Entwicklung, wie sie für hochausgebildete objektive Kulturen unvermeidlich scheint, allmählich wieder verlieren. Darüber aber, daß, innerhalb dieser Begrenzungen, der Krieg jene positive Bedeutung für die Kulturform hat, unabhängig von seiner Zerstörung von Kultursubstanz, ist mir kein Zweifel. Wie nicht nur das gemeinsame Ziel und die gemeinsame

Gefahr unserm Volke, als der Summe von Subjekten, eine ungeahnte Einheit gegeben hat — wieviel von dieser auch bleibend, wieviel vorübergehend sei —, sondern die unerhörte Erhebung und Erregtheit des Lebens in einem Jeden dieses Zusammenschmelzen, Zusammenfließen in eine Strömung begünstigt hat, so wird sie auch den objektiven Kulturinhalten für eine Weile eine neue Bewegtheit und damit eine neue Möglichkeit und Drang, sich zusammenzufinden, leihen, ein Durchbrechen jener Starrheiten und Inselhaftigkeiten, die unsere Kultur zu einem Chaos unverbundener, jeder Stilgleichheit entbehrender Einzelheiten machte. Wir werden, wie gesagt, dieser Tragödie und chronischen Krisis aller Kultur auf die Dauer nicht entgehen. Aber für eine gewisse Periode wird ihr Fortschritt gehemmt, ihre Schärfe gemildert werden.

Mehr aber können wir überhaupt den letzten Paradoxien des Kulturlebens gegenüber nicht erhoffen. Sie verlaufen tatsächlich so, als ob sie zu einer Krisis und mit ihr in unabsehliche Zerrissenheiten und Dunkelheiten führen sollten. Daß bloße Mittel als Endzwecke gelten, was die vernünftige Ordnung des inneren und praktischen Daseins völlig verschiebt; daß die objektive Kultur sich in einem Maß und Tempo entwickelt, mit dem sie die subjektive Kultur weit und weiter hinter sich läßt, in der doch allein alle Vervollkommnung der Objekte ihren Sinn hat; daß die einzelnen Zweige der Kultur zu einer Richtungsverschiedenheit und gegenseitigen Entfremdung auseinanderwachsen, daß sie als Gesamtheit eigentlich schon vom Schicksal des babylonischen Turmes ereilt und ihr tiefster Wert, der gerade in dem Zusammenhang ihrer Teile besteht, mit Vernichtung bedroht scheint: dies alles sind Widersprüche, die wohl von der Kulturentwicklung als solcher unabtrennlich sind. Sie würden in restloser Konsequenz diese Entwicklung an den Punkt des Untergangs führen, wenn nicht das Positive und Sinnvolle der Kultur immer wieder Gegenkräfte einzusetzen hätte, wenn nicht von ganz ungeahnten Seiten Aufrüttelungen kämen, die — oft um einen hohen Preis — das ins Nichtige verlaufende und auseinanderlaufende Kulturleben für eine Weile zur Besinnung brächten.

In diese Kategorie gehören, soweit wir übersehen, die Erschütterungen unseres Krieges. Er wird vielleicht von den zeitlichen Einzelinhalten der Kultur manches definitiv beseitigen, manches definitiv neu schaffen. Indem er aber auch auf jene fundamentalen inneren Formen von Kultur überhaupt wirkt, — deren Entwicklungshöhe die Gestalt einer fortwährend bevorstehenden Krisis hat — kann er nur eine Szene oder einen Akt dieses endlosen Dramas inaugurieren. Wir verstehen damit, wie dieser Krieg, den wir als das umwälzendste, zukunftbestimmendste Ereignis seit der Französischen Revolution empfinden, für unsere Prognose diesen Unterschied seiner kulturellen Folgen auslösen kann: auf der einen Seite Gewisses für immer zu beseitigen, Gewisses ganz neu zu schaffen, auf der anderen gewisse Entwicklungen zu hemmen oder rückläufig zu machen, deren Wiedereinbiegen in den alten Gang uns doch unvermeidlich scheint. Indem jenes sich auf einzelne Inhalte der Kultur, dieses auf das tiefste Verhängnis ihrer Formen bezieht, ist mit dem nur relativen, nur temporären Charakter der letzteren Wirkung die kulturelle Bedeutung des Krieges keineswegs herabgesetzt. Denn gerade damit fügt er sich dem innersten, freilich tragischen Rhythmus der Kultur ein, ihrem fortwährend gefährdeten und nur durch fortwährende Gegenwirkungen zu erhaltenden Gleichgewicht. Würden wir hier, wo es sich um das Leben der Kulturform schlechthin handelt, ein Absolutes oder Definitivum erwarten, — auch soweit nur, wie man im Geschichtlichen von solchem sprechen kann, — so würde eben diesem Leben nicht mehr, sondern weniger genuggetan sein.

Man kann, wie gesagt, es als die prinzipiellste, alle Einzelinhalte übergreifende Schicksalsformel der hochgesteigerten Kultur bezeichnen, daß sie eine fortwährend aufgehaltene Krisis ist. Das heißt, daß sie das Leben, aus dem sie kommt und zu dessen Dienst sie bestimmt ist, in das Sinnlose und Widerspruchsvolle auflösen will, wogegen die fundamentale, dynamische Einheit des Lebens sich immer wieder zur Wehr setzt, die lebensfremde, das Leben von sich abführende Objektivität wieder von der Quelle des Lebens selbst her zusammenzwingt. Und darum stehen wir in dieser Epoche an einem Höhepunkt der Geschichte, weil jene Auflösung und Abirrung der kulturellen Existenz ein gewisses Maximum erreicht hat, gegen das sich das Leben mit diesem Kriege und seiner vereinheitlichenden, vereinfachenden, auf einen Sinn konzentrierten Kraft empört. Mag dies auch nur eine Welle in der unabsehlichen Strömung des Menschheitslebens sein, — zu solcher Höhe, solcher Breite hat die Reibung seiner Kräfte noch keine gehoben. Mit Erschütterung stehen wir vor solchen Dimensionen, die diese Krisis dem Überblick des Einzelnen unabschätzlich weit entrückt, während sie uns zugleich tief vertraut und verständlich ist; denn in jedem von uns ist sie, bewußt oder nicht, die Krisis seiner eigenen Seele[1].

---

[1] Die kulturgeschichtlichen und kulturphilosophischen Grundlagen dieser Erwägungen sind in meinem Buch: Philosophie des Geldes — ausführlich dargestellt.

Die Idee Europa.

Ist dieser Krieg ein Paroxysmus, eines der Fieber, die manchmal epidemisch durch die Völker laufen, wie der mittelalterliche Flagellantismus, und aus denen sie eines Tages aufwachen, zerschlagen und ohne zu begreifen, wie dieser Wahnsinn überhaupt möglich war — oder ist er ein ungeheures Umgraben und Durchackern der europäischen Erde, damit sie Entwicklungen und Werte hergebe, deren Art wir heute nicht einmal ahnen können? So war die Völkerwanderung, die sicher den alten Kulturnationen als eine bloße sinnlose Zerstörung, eine unbegreifliche Vergewaltigung erschien, und doch einem unendliche Werte tragenden, vorher ganz unausdenklichen Leben und Fruchtbringen die Bedingungen bereitete. Daß niemand diese Frage theoretisch beantworten kann, erleichtert nicht den Druck, mit dem sie uns Tag und Nacht bedrängt, aber es gibt der praktischen Aufforderung Raum, alle unsere Kräfte einzusetzen, daß nicht die unsinnige, sondern die sinnvolle Seite der Alternative Wirklichkeit werde. Für ihren Druck freilich bedeutet auch dies nur Umlagerung, nicht Verminderung — weil nun jeder unserer Augenblicke mit einer so ungeheuren Verantwortung beladen ist, wie kein Frieden sie kannte. Denn in ihm haben wir unsere Ziele und Aufgaben in deutlicher Nähe vor uns und nur für sie glauben darum die meisten von uns verantwortlich zu sein; mag die undurchdringliche Zukunft dann in derselben Weise für sich sorgen. Jetzt aber sehen wir keine festen Umrisse, für deren Ausfüllung wir uns vorzubereiten hätten, sondern was uns an Aufgaben bevorsteht, streckt sich in das Undurchdringliche und deshalb für uns Grenzenlose. Gewiß gilt wie sonst und mehr als sonst: Reifsein ist alles. Allein die Welt, für die wir reif sein sollen, wird eine neue, vielleicht noch von niemandem geahnte sein, von der wir nur wissen, daß wir mit jedem Tun und jedem Gedanken für sie, und daß sie einen Sinn habe, verantwortlich sind. Freilich, in einer noch unauflöslichen Gleichung oder Ungleichung stehen Verlust und Gewinn einander gegenüber. All dem geschichtsphilosophischen Tiefsinn zum Trotz, der die „Notwendigkeit" dieses Krieges erspekuliert, bleibe ich bei der Überzeugung, daß er ohne die Verblendung und die verbrecherische Frivolität ganz weniger Menschen in Europa nicht entzündet worden wäre; nun er aber entzündet ist, haben wir in ihm eine Kraftentfaltung und eine opferwillige Begeisterung von nie gekannten Maßen erlebt. Und diesen Werten stehen nun wieder in Deutschland selbst die allbekannten widerwärtigen Erscheinungen eines habsüchtigen Egoismus entgegen. Wer will heute, wo wir jeden Gegenwarts- und Zukunftsgewinn mit dem Verlust der teuersten Menschen und mit der selbstmörderischen Zerstörung der bestehenden europäischen Werte bezahlen, zu entscheiden wagen, ob unsere Urenkel diese Katastrophe verfluchen oder segnen werden? — So ungewiß, so sehr noch als bloße Aufgabe sich die Schlußrechnung des Krieges für uns, die Lebenden, stellt — einen Verlust für uns wissen wir, der Verlust und nichts weiter ist: das geistige Einheitsgebilde, das wir „Europa" nannten, ist zerschlagen und sein Wiederaufbau ist nicht abzusehen. Und es kann doch niemand im Ernst glauben, daß es etwa unter Ausschluß Deutschlands und Österreichs weiterbestehen wird. Um einen reinen Verlust, sage ich, handelt es sich; denn keineswegs ist dies etwa der Preis, um den eine größere Reinheit und Kraft des Deutschtums erlangt würde. Diese wird zwar sicher der Erfolg des Krieges sein; allein was dafür preisgegeben wird, ist nur der Internationalismus — in seiner grotesken Steigerung das Globetrottertum — der ein Mischmasch ist, ein charakterloses, grenzenverwischendes Hin und Her von Interessen und Gesinnungen, allenfalls ein Abstraktum aus vielen Nationen, gewonnen durch Absehen von dem eigentümlichen Wert einer jeden. Die internationale Gesinnung und Wesensart, leider auch für viele Deutsche verhängnisvoll geworden, ist ein durchaus sekundäres Gebilde, das entweder durch bloßes Aneinandersetzen oder durch bloßes Weglassen entsteht, und ein Feind des wurzeleigenen nationalen Wesens. Das Europäertum dagegen ist eine Idee, etwas durchaus Primäres, nicht durch Zusammensetzung oder Abstraktion erreichbar — gleichviel wie spät es auch als historische Macht auftauche. Es steht nicht zwischen den Nationen, sondern jenseits ihrer und ist deshalb mit jedem einzelnen nationalen Leben ohne weiteres verbindbar. Dieses ideelle „Europa" ist der Ort geistiger Werte, die der heutige Kulturmensch verehrt und gewinnt, wenn ihm sein nationales Wesen zwar ein unverlierbarer Besitz, aber keine blindmachende Enge ist. Es ist eine unleugbare Tatsache, daß die „europäischen Menschen" der letzten Jahrzehnte im äußersten Maß national charakterisiert waren: Bismarck wie Darwin, Wagner wie Tolstoi, Nietzsche wie Bergson. Keiner von ihnen ist international oder kosmopolitisch (nur bei Nietzsche besteht ein theoretischer Ansatz und ein willensmäßiges Bemühen dazu, das jedoch bei ihm seinem sehr deutschen Sein nicht widerspricht) — aber jeder ist durchaus europäisch; daß jeder von ihnen zu den Schöpfern von „Europa" gehört, erreicht er eigentlich durch äußerste Steigerung spezifisch nationaler Qualitäten! Die Idee Europa, die feinsten Säfte des geistig Gewachsenen in sich einziehend, ohne es doch seinen heimischen Wurzeln zu entreißen, wie der Internationalismus es tut, ist nicht logisch oder mit bestimmten Inhalten festzulegen; wie die anderen „Ideen" ist sie nicht mit Greifbarkeiten zu erweisen, sondern nur in einer Intuition zu erleben, die freilich erst der Lohn langer Bemühungen um die Kulturwerte der Vergangenheit und der Gegenwart ist. Die Erfahrungen des Krieges haben uns überzeugen müssen, wie es mit der Realität dieses Europa bestellt war: es bestand in der Einbildung Vieler, in der Sehnsucht von sehr viel Wenigeren, und im Besitz eines verschwindenden Minimums von Menschen, die auch eigentlich nicht es selbst, sondern ein stellvertretendes Symbol davon besaßen, weil sie es für sich schufen.

Dennoch, die überhistorische Höhe, in der metaphysische und künstlerische, religiöse und wissenschaftliche Ideen ihre Unangreifbarkeit finden, begrenzt nicht die Idee Europa. Sie ist, was man eine historische Idee nennen könnte, ein geistiges Gebilde, das zwar über dem Leben steht, aus dem es sich erhoben hat, aber ihm doch verbunden bleibt, und aus ihm seine Bedeutung und Kraft gewinnt. Gewiß ist die Idee Europa, diese einzigartige Färbung eines Komplexes geistiger Güter, charakteristisch gesondert von der des griechisch-römischen Geistes im Altertum und der katholischen Weltidee des Mittelalters — gewiß ist sie unsterblich; aber sie ist verwundbar. Gewiß kann sie nicht überhaupt verschwinden — aber sie kann unsichtbar werden, wie der Komet des letzten Sommers, der auch nicht aus der Welt verschwindet, aber vielleicht erst wiederkehrt, wenn wir alle längst verschollen sind. Die Idee der Wahrheit verliert nichts an ihrem Bestand und ihrer Leuchtkraft, auch wenn wir alle irren, die Idee Gottes berührt es nicht, daß die Welt ihn nicht erkennt oder von ihm abfällt; aber die Idee Europa ist mit dem auf sie konvergierenden Bewußtsein europäischer Menschen in wunderbarer Weise verbunden, wie das Schiff mit dem Gewässer, das es trägt, und mit dessen Austrocknen es zwar immer noch dieses Schiff bliebe, aber seinen Sinn, Güter und Werte in sich zu bergen und von Ort zu Ort zu tragen, verloren hätte.

Es genügt nicht, daß die Idee Europa nicht sterben kann: sie soll auch leben. Und es ist männlicher, sich einzugestehen, daß sie das für absehbare Zeit nicht wird; diese Einsicht wird vor allem der schmerzlichen Enttäuschung gewisser vager Hoffnungen vorbeugen, die schon hier und da in der heutigen Literatur auftauchen. Zu weit hat der europäische Haß die Geister getrennt, zu entschieden sind die Sympathien auch der Neutralen parteimäßig aufgeteilt, als daß sie die Zuflucht der Idee Europa sein könnten, zu mißtrauisch und voneinander enttäuscht wird — davon sind wir wohl alle überzeugt — der Krieg auch unsere Gegner zurücklassen: der gemeinsame Haß gegen uns, der sie jetzt notdürftig und widernatürlich zusammenschweißt, wird nach Lösung dieser Spannung auf sie selbst, zwischen sie selbst zurückfluten. Nein, die Glieder des Körpers, dessen Seele jene Idee war, sind so voneinander gerissen, daß er auf Gott weiß wie lange nicht mehr ihr Träger sein kann. Europa hat den Begriff des „guten Europäers" verspielt, an dem wir Älteren, gebend und nehmend, teilzuhaben glaubten, sicher, dadurch in keiner Weise international, kosmopolitisch — oder wie all die wohlklingenden Übertäubungen der Entwurzeltheit heißen — zu werden, sondern gerade dadurch im Tiefsten deutschen Wesens zu sein. Denn wie es das Wesen des Lebens ist, über das Leben hinauszugreifen, wie der Geist am vollsten er selbst ist, wenn er das berührt, was mehr als Geist ist, so scheint — ich habe dies an einer andern Stelle dieser Blätter ausgeführt — das Sichstrecken über das Deutschtum hinaus gerade zum Wesen des Deutschtums selbst zu gehören. Gewiß sind uns daraus unzählige Gefahren, Ablenkungen und Einbußen gekommen: so mancher deutsche Baum ist verdorrt, weil man seine Wurzeln aus dem heimatlichen Boden herausgrub, aus Besorgnis, sein Wipfel möchte sonst nicht nach „Europa" hineinragen. Aber diese Selbstmißverständnisse sollen uns nicht darüber täuschen, daß die europäische Sehnsucht dennoch aus der echten Wurzeltiefe der deutschen Seele stammt.

Doch gerade hierin liegt unser Trost, wenn nun auch die Idee Europa in unseren Verlustlisten steht und von ihr nur dasselbe, was von all den geliebten Namen in diesen bleibt: Erinnerung und Mahnung. Die Idee Deutschland wird die Universalerbin der Kräfte, die nach jener sich hinstreckten, wie von so manchen anderen, die unser früheres Leben sich in zu große Enge oder in zu große Weite verlaufen ließen und die nun in ihre Quelle zurückgeleitet werden, um von neuem aus ihr zu entspringen. Aber eben weil wir wissen, daß das Europäertum kein äußeres Hinzufügsel zum Deutschtum war, daß dieses Über-sichhinausleben seinem innersten, eigensten Leben angehörte — darum wissen wir, daß das in seinen eigenen Grenzen erstarkte, in sich immer echter gewordene Deutschtum an einem fernen Tage der Idee Europa ein neues Leben, mächtiger und weiter wohl als alles frühere, geben und sie an ihre Unsterblichkeit erinnern wird. Es ist, wie wenn einem Sohn sich sein Haus verschließt, vielleicht in Entzweiung und Bitterkeit; nun scheidet sich, was von seinem Wesen dorther kam und dorthin ging, von dem, was er wirklich allein ist, und auf dessen Energie und Wachstum seine Zukunft steht. Einmal aber kommt der Tag, an dem Versöhnung die Türen wieder öffnet und an dem er mit einem Reichtum zurückkehrt, wie nur die auf sich selbst angewiesene Kraft ihn gewinnen konnte; und die wiedererwachte Stimme des Blutes sagt ihm und den anderen, daß, was er in der Getrenntheit und nur für sich erarbeitete, von seiner tiefsten Quelle her dazu bestimmt war, in die alte, neuerstandene Gemeinsamkeit zu münden.

MIX
Papier aus verantwortungsvollen Quellen
Paper from responsible sources
FSC® C105338

Printed by Libri Plureos GmbH
in Hamburg, Germany